Christian Fries

Vater gibt seinen Weinhandel auf

Christian Fries

Vater gibt seinen Weinhandel auf

Prosa, Szenen

Verlag Helmut Lang

Typographie und Satz von Maria Kipp, Bickelsberg
Druck vom Druckkollektiv, Gießen
Bindung von der Verlagsbuchbinderei Keller, Großenlüder

Printed in Germany.

ISBN 978-3-931325-48-0

Inhalt

Vanessa Redgrave

1

Jupe-Jupe dreht den Schlüssel zum Büro zwischen den Fingern.
Die Reihen im Theater sind, aus gegebenem Anlass, dicht gefüllt. Milo, an die Holztäfelung der Wand gelehnt, signalisiert: Alles geht gut.
Der Mann am Podium, der die Laudatio auf Vanessa Redgrave hält, verfällt der Versuchung, immer mehr Kritik in seine Lobrede einfließen zu lassen. »Es stellt sich die Frage«, sagt er soeben, »wie Schauspielerei in der heutigen Zeit aussehen kann, ob wir ohne weiteres auf althergebrachte Formen zurückgreifen können.«
Jupe-Jupe beugt sich abrupt vor.
Ein paar Sitze weiter entdeckt er das Profil der geehrten Schauspielerin. Sie nickt gelassen, in ihrem Gesicht steht geschrieben, was auch der Lobredner wissen sollte: Ich bin Vanessa Redgrave.
Jupe-Jupe steht entschlossen auf und verlässt den Saal.
Ein Journalist will ihn abfangen.
Hinter ihm bricht Jubel aus. »Vanessa!«

2

Durch mehrere Straßen folgt Jupe-Jupe einer Straßenbahn der Linie 9. Sie fährt ihm immer wieder davon. Aber an der nächsten Haltestelle, der nächsten Ampel, holt er sie wieder

ein. Als ein alter Mann beim Einsteigen stolpert, zwischen die sich schließenden Türen gerät und sich verletzt, gewinnt Jupe-Jupe einen Vorsprung, den er am Flussufer, wo die Bahn ohne Halt beschleunigen kann, wieder verliert. Von der Brücke aus, die über das Hafenbecken führt, sieht er die Wagons hinter den Getreidespeichern verschwinden.
Die Nachmittagssonne steht niedrig zwischen den Schornsteinen der Gießerei.
Jupe-Jupe taucht ab, in Richtung R***ort.

3

Jupe-Jupe passiert die Einmündung der Straße, die in ein neues Viertel hinabführt. Auf einem Aschenplatz, den er zwischen den Häusern im Anschnitt sieht, spielen Kinder Fußball.
»Es wäre schön, einmal woanders zu gehen«, sagt der Vater zu Jupe-Jupe. Aber es ist Nacht, und was eben Fußball spielt, kann leicht, aus Grund oder keinem, das Messer zücken.
Unabgesprochen passieren sie die Einmündung der Straße und gehen den altvertrauten Weg weiter.
Der Vater, so erinnert sich Jupe-Jupe, hatte ein starkes Bedürfnis zu reden. Er konnte es physisch spüren.
Aber der Mann hielt die Klappe …

4

Und dann, kurz darauf, starb er, und die Familie zerfiel. Die Kinder wurden verteilt. Jupe-Jupe schickten sie zu elsässischen Brieffreunden, er war fast volljährig. Er saß einen langen stillen Tag im Flur des Hauses. Junge Gesichter sahen ihn vom Treppengeländer aus an. Staub trieb im Licht, das durch die offene Tür hereinfiel.
»Wo kommst du her?«

»Aus einer Gegend, wo Stahl produziert wird.«
Jupe-Jupe hält ihnen einen Brief hin.
»Den hat Elisabeths Vater unterschrieben«, sagt ein Junge, der gegen das Licht nur ein schwarzer Strich ist. »Diesen Vater haben wir hier nie gesehen. Ich bin Roy, das ist Hagen, das ist Elisabeth ...«
Elisabeth (in Wahrheit ein Junge!) sagt, sie sei hier die Chefin.
»Meine Mutter baut in Hamburg eine Fabrik auf.«
»Ich weiß«, sagt Jupe-Jupe.
»Mein Vater leugnet seine Vaterschaft. Aber er zögert, den DNA-Test machen zu lassen.«
Sind Elisabeth und die anderen immer allein?
»Nachmittags werde ich unsichtbar. Besser, du suchst mich nicht.«
»Was tust du, wenn du unsichtbar wirst?«
»Ich setze Worte in eine Reihenfolge.«
»Wird es ein Roman?«
»Ein Tatsachenbericht.«
Einer sagt: »Möglich, dass du darin vorkommst.«
Rike, die Älteste hier, hat zwei Kinder, ein Baby und einen Dreijährigen. So wie nachts alle beieinander auf Matratzen liegen, denkt Jupe-Jupe, könnte es leicht passieren, dass sich jemand, ohne es zu merken, über das Baby rollt und es unter sich erstickt. Das müsste nicht unbedingt der eifersüchtige Vater des Kindes sein (wer ist der Vater?), es könnte auch der Mutter passieren, denkt Jupe-Jupe.
Ein Zimmer im zweiten Stock wird gemieden. In dem Zimmer ist Elisabeths jüngere Schwester an Leukämie gestorben.
»Da spukt's«, sagt Roy ohne Nachdruck.
Gegen Abend sind alle sehr aufgeregt. Hagen ist bei einem Autounfall durch die Windschutzscheibe geschleudert worden. Er hat Schnittwunden am Hals davongetragen, sonst ist er unverletzt geblieben. Aber er schlottert am ganzen Leib!
»Damit war längst zu rechnen!«, sagt Roy ungestüm. »Wie du am Steuer den Kopf ruckartig nach links und rechts wen-

dest. Jeder Telegraphenmast lenkt dich ab.« Der Rückspiegel interessiert ihn mehr als das Verkehrsschild vor seiner Nase, fügt er hinzu.

5

Die Glocken der R***orter Kirche läuten.
Jupe-Jupe klingelt bei Judith.
»Guten Tag, Judith.«
Judith stützt den Kopf in die Hände.
»Du warst gestern im Publikum«, sagt sie.
»Es war ein tiefes Erlebnis, dich auf der Bühne zu sehen«, sagt Jupe-Jupe.
Über dem Herd löst sich die Tapete von der Wand.
»Ich wünschte, ich könnte sprechen wie du«, sagt Judith.
»Dein Körper spricht. Was sonst zählt? Du bist ein Engel, eine tanzende Seele. Ein Wesen aus fernster Vergangenheit ... Wir fragen uns: Wie macht sie das!«
»Ich mache nichts.«
»Du spielst bruchlos von innen nach außen. Das ist es ...«
Jupe-Jupe spielt nicht so.
»Ich bin verliebt in dich, wir alle sind verliebt in dich.«

6

Beide schauen stumm aus dem Fenster. Die Hochhäuser am Hafen, in Richtung M***, glänzen im Widerschein der untergehenden Sonne. (Die sie nicht sehen können.) Die Mietskasernen auf der anderen Seite des Innenhofs, die schon tief im Schatten liegen, starren aus dunklen Fenstern herüber.
»Nachher«, sagt Judith, »werden überall die Lichter angehen. Dann sehen die Häuser aus, als wären es Puppenstuben. Bleibst du bei mir, bis es so weit ist?«
Jupe-Jupe nickt.

Vom Dachfenster eines der Häuser führt eine schmale Leiter zum Schornstein hinauf.
Die Bäume im Hof, so nah, dass man nach den Zweigen greifen könnte, sind kahl.
»Ich habe mich nicht immer in der Hand«, sagt Judith.
Die Tür in die Tiefe ist verschlossen, für Menschen wie Jupe-Jupe. Aber das hat keine Bedeutung (für ihre Arbeit). Häufig stehen Künstler vor verschlossenen Türen. Die *anderen*, die die Tür geöffnet haben, leben nicht lang, oder sie verkommen!
Jupe-Jupe greift nach Judiths Hand.
»Hältst du es aus, nicht mit mir zu schlafen?«, sagt sie.
Jupe-Jupe nickt.

7

Am Küchentisch. »Und Vanessa Redgrave steht auf, geht zum Rednerpult und sagt: ›Eigentlich genügt es, den Text auswendig zu lernen, und dann alles wegzulassen, was den Text stören könnte. Ich kann mein Gesicht nicht weglassen, aber ich reduziere es auf ein Minimum, auf einen neutralen Anblick. Natürlich kommt es Ihnen nicht so vor, Sie sehen Tausenderlei in meinem Gesicht: Angst, Trauer, Widerstand. Aber das ist alles Täuschung. Andererseits dürfen Sie nicht denken: Ach, so einfach ist das … Probieren Sie es! Setzen Sie sich Ihrem Partner gegenüber, heute Abend, am Küchentisch, sehen Sie ihn an, ausdruckslos, aber nicht kalt, still, aber nicht einfältig, wach, aber nicht interessiert. Sie werden schnell merken, was es damit auf sich hat. Die vielen lieben Kollegen, die heute anwesend sind, wissen natürlich, wovon ich spreche.‹«
»In ihrem letzten Film macht sie Faxen ohne Ende.«
»Sie sagte dann noch: ›Sie werden einwenden: Mrs. Redgrave, in Ihrem letzten Film machen Sie Faxen ohne Ende. Das stimmt …‹«

»Das hat sie nicht gesagt!«
Die Lichter in den Häusern gegenüber sind angegangen. Judith wird in der dunklen Küche ein Schatten.
»Ich will mich jetzt befingern«, sagt sie plötzlich. »Das ist erlaubt, mehr nicht.«
Sie rührt sich nicht.
»Ich halte mich an diese Gesetze. Es ist besser für mich.«
Jupe-Jupe verlässt das Haus.

8

Im Traum müht sich Jupe-Jupe ab, ein Quadrat deckungsgleich über ein anderes zu legen. Obwohl die Kantenlängen nachweisbar identisch sind (der Handwerker zeigt ihm immer wieder dieselbe Kerbe auf dem Zollstock), will es nicht gelingen. »Potztausend«, sagt er, ergriffen von der Kraft der Natur. Aber dann fällt ihm ein, *dass Quadrate menschliche Konstruktionen sind*, und dass es nichts mit der Vielfalt der Natur zu tun hat, wenn sie nicht deckungsgleich sind.
Erneut legt er die Quadrate aufeinander, erneut stimmen die Kanten nicht überein.
»Ich werde mich vor Wut in die Erde fressen«, hört er sich sagen, während er zu sich kommt und erwacht.

9

Am Morgen finden im Theater Anproben für das Stück ›Venda's A(u)nts Tan… Tan… Tan…‹ statt. Jupe-Jupe betritt unbemerkt die Schneiderei.
Jeanne trägt ein rotes Kleid. Jupe-Jupe sieht ihr skeptisches Gesicht im Spiegel.
Milo stellt sich neben sie, sie trägt weiß.
Luise entdeckt ihn. »Du bist es?« Ihr Kleid ist orange.
Jupe-Jupe zieht sie in einen Nebenraum. »Das sind Nacht-

hemden«, sagt er unfroh. Luise dreht sich im Kreis. Ihr Kleid schlägt ein Rad.
Eine halbe Stunde später haben sich alle in der oberen Galerie versammelt, und Jupe-Jupe zeigt ihnen einen kleinen Mann, der unten, noch halb in der Drehtür, einen unsicheren Blick ins Foyer wirft. »Das ist Hans K., mein Ex-Regisseur. Von ihm habe ich gelernt, die Hände bei Monologen vor dem Bauch zu falten und die Sätze zu sprechen, als seien es Artikulationsübungen.«
Die anderen schauen gleichgültig.
»Er will Profit aus unserer Bekanntschaft ziehen.«
Im Gespräch zeigt sich Hans K., der einen Mantel mit Pelzkragen trägt und ihn nicht ausziehen will, entschlossen, einen energiegeladenen Eindruck zu machen. Er erinnert Jupe-Jupe an Zeiten, die weit zurückliegen. »Ich legte mir einen anderen Namen zu – du erinnerst dich! – und behauptete, es sei mein eigentlicher Name. Meine Mutter sei Jüdin, sie habe mich aus Gründen, die auf der Hand liegen, zur Adoption freigegeben. Ihr habt mich für verrückt gehalten!«
Jede Besetzung, sagt er plötzlich, habe etwas für sich. Das Stück ›Schau, wo du lang kommst‹ stehe ja, wie er höre, für das kommende Jahr zur Diskussion … Er lächelt scheu, als sei er auf krummen Wegen einem Geheimnis auf die Spur gekommen. Die Figur des Jägers, fährt er fort, sei schwierig! Aber er denke, Jupe-Jupe sei unter Umständen durchaus der geeignete Schauspieler dafür. Er kenne ihn ja aus langer gemeinsamer Arbeit. Das werde sich positiv auswirken!
Jupe-Jupe bemerkt, dass Hans, der sich jetzt über die Stirn streicht, mit verdeckten Blicken herauszufinden versucht, wer in der Runde das Sagen hat, *wer das Heft in der Hand hat.* Wahrscheinlich, denkt Jupe-Jupe, denkt er, dass ich es nicht bin.
Das Gespräch erstirbt.
Jetzt fragt der Mann, der immer noch im Mantel dasitzt, mit plötzlicher Verve nach dem »Jüngelchen aus Zürich«.
Wen meint er?

Jupe-Jupe schiebt ein schmutziges Glas beiseite, das vom Vorabend stehen geblieben ist.
Was die Besetzung betrifft, sagt der Mann, komme es letztlich nur darauf an, dass er sie nicht von seiner Großmutter erfahre.
Niemand lacht. Auch Jupe-Jupe nicht.
Eine schrille Glocke ruft zur Probe. Alle stehen auf, nicken knapp und gehen davon. Und während der Mann, sei's nur, damit er nicht ganz erstarrt, Kräcker in den Mund schiebt, die ebenfalls vom Vorabend übrig geblieben sind, und leise vor sich hin summt (um sich seiner Existenz zu versichern, denkt Jupe-Jupe), geht die junge Technikerin, Birthe, die, die alle ins Bett kriegen wollen – da bildet auch Jupe-Jupe keine Ausnahme! – an ihm vorbei.
Ach, sie beachtet ihn nicht für 'nen Pfifferling!
Das, *das* erst bringt ihn aus der Fassung.
Jupe-Jupe, der ihn durch mehrere Türfluchten hindurch unbemerkt beobachtet, sieht, wie er aschfahl wird, sich schwerfällig erhebt und auf die Drehtür zugeht. So klein scheint der Mann, so weit entfernt, als richte Jupe-Jupe ein Fernglas verkehrt herum auf ihn.
»Ich habe ihm gesagt, er soll sich keine Hoffnungen machen.«
Jemand schnalzt mit der Zunge.
Milo findet ihn, trotz allem, attraktiv.

10

Es begann dann die Serie nächtlicher Träume, in denen Jupe-Jupe seinem toten Vater begegnete.
Gleich von Anfang an sagte er sich: Berühre ihn nicht! Wie sehr er dich auch immer darum bittet! Tote berührt man nicht, es ist gefährlich. Und sollten sie zu nahe kommen und von sich aus aggressiv werden, dann kreuze die Arme gegen sie und schrei sie an: »Ihr seid tot!« Du wirst sehen! Dann

purzeln sie – aber heißa! – den Abhang runter, oder sie fallen vom Fahrrad, oder sie lösen sich in den hellen Dunst auf, den ein Pfeifenraucher in die Luft bläst.
Diesmal, in der Nacht vor der Premiere von ›Venda's A(u)nts Tan... Tan... Tan...‹, die alle vibrieren lässt – Vanessa Redgrave in der Hauptrolle! –, droht Jupe-Jupe keine Gefahr. Der Vater nimmt ihn gar nicht wahr!
Die Eltern sind (offenbar!) umgezogen! Sie wohnen nicht mehr in dem alten, dreistöckigen Haus, das sich so schmalschultrig zwischen die anderen duckt, sondern in einer Souterrainwohnung gegenüber. Spediteure tragen die altvertrauten Möbel über die Straße und verschwinden mit ihnen in der fremden Haustür. Da, wo Jupe-Jupe groß wurde, wo noch gestern, denkt Jupe-Jupe, die Bücherregale des Vaters auf die Straße herunter grüßten, ist jetzt ein Ingenieur eingezogen, der alles mit kalter Genauigkeit zu analysieren versteht. Ein Blick auf Jupe-Jupe genügt.
»Alkoholexzesse«, sagt er, »in Tateinheit mit Freundesverrat.«
»Das kommt mir absurd vor«, antwortet Jupe-Jupe.
Der Vater schlägt Bücher gegeneinander. Das ist seine Art, sie abzustauben, ehe er sie in die Regale stellt. Jupe-Jupe sieht den Vater durch das breite Fenster, das auf den Bürgersteig hinausgeht. Wie praktisch, denkt er, eine neue Wohnung in so unmittelbarer Nähe gefunden zu haben! Wenn ein Umzug schon sein muss ...
Obwohl der Vater über die Bücher hinweg geradewegs in Jupe-Jupes Gesicht schaut, sieht er ihn nicht. Die Mutter sitzt auf einem weißen Hocker, sie blickt an ihrem Mann vorbei in die Tiefe der Wohnung.
Jupe-Jupe klopft ans Fenster, aber die Eltern reagieren nicht. Er wirft einen letzten Blick auf das alte Haus auf der anderen Straßenseite. Ein Kran rollt vor die Gartenmauer. Männer ziehen ein Gerüst in die Höhe. Der Ingenieur steht bewegungslos in der Einfahrt und beaufsichtigt die Arbeiten.
Jupe-Jupe geht davon, in Richtung R***orter Brücke. Die

Brücke hat im eisigen Licht des Morgens die Konturen einer schlampig aufs Papier geworfenen Bleistiftzeichnung. Jupe-Jupe wird sich bewusst, dass er sich von hinten sieht. (In einem Mantel mit Pelzkragen.) Wer sich von hinten sieht, denkt er jäh, träumt. Die Zeichnung wird durchsichtig.
Jupe-Jupe erwacht mit vor Kälte schmerzendem Kopf, er schließt das Fenster. Ein Frühzug rollt über den Bahndamm. Der Hahn kräht schon. (Im Nachbarsgarten.) Jupe-Jupe wählt Vanessa Redgraves Nummer, um sie zu wecken. »Ich verschlafe sonst«, sagt sie.
Premierentag.

Vater gibt seinen Weinhandel auf

Kurzdrama

RAIMUND, *11 Jahre alt, über neu errungene Informationen sexueller Natur verstört*
KAI, *11 Jahre alt, weniger verstört, aber kein guter Schüler*
ELSA, *13 Jahre alt, in allem ein bisschen weiter*
MUTTER, *in den Vierzigern, was sonst, werden wir noch sehen*
VATER, *in den Vierzigern, heißt Anton, gescheiterter Weinhändler, steht im Begriff, die Philosophie zu entdecken*
NACHBARN, *hörbar*

Wohnraum, düster.
Schrank.
Platz, draußen vor der Haustür, im Anschnitt.

Erste Szene

Raimund im Vordergrund, wie festgenagelt auf einem Stuhl.
Im Hintergrund: der Schrank. Die Tür ist offen. Drinnen, von oben herab baumelnd, zwei nackte (tote) Beine, bis zum Knie sichtbar.
Geräusche aus einer Nachbarwohnung: Hämmern.

RAIMUND: *(zählt die Hammerschläge mit)* Hundertsiebzehn, hundertachtzehn, hundertneunzehn. Jetzt hör doch mal auf! *(meint sich selbst)* Jetzt hör doch … Hundertzwanzig, hunderteinundzwanzig. *(blickt zum Schrank)* Ich will jetzt einmal genau darüber nachdenken, was passiert ist. *(atmet stark)* Ich kann mich bereits nicht mehr erinnern.

Hammerschläge.

RAIMUND: Hundertzweiundzwanzig, hundertdreiundzwanzig ... Bitte, bitte! *(inständig)* Aufhören! *(Schläge, Raimund zählt zunächst nicht mit, dann abrupt)* Hundertzweiunddreißig, hundertdreiunddreißig ... Also gut! *(Stille)* Es ist wichtig, mit sich selbst ins Reine zu kommen. Ich habe gemessen, 11 Zentimeter, das ist nicht allzu viel, nach dem, was ich höre. Aber vielleicht wächst der ... *(buchstabiert)* Penis ja noch. Und vielleicht war das auch keine volle ... *(buchstabiert)* Erektion. Das hängt ja von vielen Faktoren ab, ob eine ... *(genauso)* Erektion ... den Namen verdient ... *(nach einer Weile)* Ich rühr mich nicht mehr, dann kann nichts passieren.

Geräusche eines sich nähernden Lieferwagens: Bremsen usw. Weitere Hammerschläge.

RAIMUND: Hundertvierunddreißig, hundertfünfunddreißig.

VATER: *(herein mit einer Kiste Wein, stellt die Flaschen entlang der Wand auf, weinend)* Und sie stehen schon wie die Geier und wollen mir das Auto aus der Hand reißen. Es ist ja nur ein alter Lieferwagen, aber er ist mir doch ans Herz gewachsen. Wird einem das übelgenommen? ›Nein‹, sage ich, ›diese letzte Fahrt muss sein.‹ Vertrag hin oder her ... Hallo, Raimund. Du siehst gut aus. Bist du draußen gewesen? Spielen? *(eilt hinaus)*

RAIMUND: *(Schläge, zählt mit)* Hundertsechsunddreißig, hundertsiebenunddreißig.

VATER: *(kehrt mit einer weiteren Kiste zurück, packt die Flaschen aus)* Aber natürlich stemme ich mich nicht mit aller Kraft gegen das Verhängnis, das wäre dumm. Wenn das Schicksal über mich hereinbricht, dann heißt es demütig sein. *(eilt weg)*

RAIMUND: Hundertachtunddreißig ... Das ist ja einfach grauenhaft! *(meint den Zählzwang)*

VATER: *(mit einer neuen Kiste, verfährt wie oben)* Anton, das Leben nimmt eine neue Wendung! *(weint)* Was soll denn das heißen: eine neue Wendung … *(ab)*

RAIMUND: Ich bin nicht der klassische Triebtäter, aber wer so verhemmt in das sexuelle Leben eintritt, der ist eine potentielle Gefahr für die Gemeinschaft.

VATER: *(verändert, pfeifend, mit einer neuen Kiste, setzt sie ab, holt eine Weinflasche heraus, öffnet sie, schenkt sich ein, trinkt)* Jetzt kann ich mich gehen lassen, was meinst du! Ich bin kein Weinhändler mehr.

RAIMUND: Ist der Laden aufgegeben?

VATER: Der Laden ist aufgegeben. Weinhändler und Wirte … *(trinkt, geht ab)*

RAIMUND: Eine Krise kann ja auch eine Chance sein. *(Schläge)* Hundertneununddreißig, hundertvierzig, hunderteinundvierzig.

VATER: *(mit einer weiteren Kiste)* Hast du den Zählzwang?

RAIMUND: *(nickt)*

VATER: Das ist aber nicht schön. Wie wird man denn so was wieder los?

RAIMUND: *(zuckt mit den Achseln)*

VATER: Den Atem anhalten.

RAIMUND: *(probiert es)*

VATER: Na?

RAIMUND: *(Schläge, Raimund herausplatzend)* Hundertzweiundvierzig, hundertdreiundvierzig.

VATER: *(missmutig ab, im Weggehen)* Wo ist die Mutter? *(verdrossen)* Du wirst sehen, wir werden noch ein vergnügtes Leben führen.

Zweite Szene

Im Hintergrund stellt der Vater weiterhin Flaschen aus dem aufgelösten Weinhandel entlang der Wände auf.
Im Schrank sichtbar: die Beine.

Kai und Elsa bei Raimund.

VATER: *(grüßt unbestimmt)* Ah, ja. *(ab)*

KAI: *(vorn, flüstert Raimund zu)* Jetzt solltest du dich von einer anderen Seite zeigen.

ELSA: Ein Muttersöhnchen bleibt ein Muttersöhnchen.

KAI: *(zu Elsa)* Vielleicht könnte man ihm eine Brücke bauen.

ELSA: Wir verschwenden unsere Zeit.

KAI: Wenn er aber doch mein Freund ist!

ELSA: Über dich ist das letzte Wort auch noch nicht gesprochen!

KAI: *(lacht unsicher)* Das kann ich mir denken.

RAIMUND: *(Blick nach hinten)* Das ist mein Vater.

Vater erneut mit einer Kiste. Trinkt im Schwung ein Glas Wein.

VATER: *(zu sich)* Das wird erlaubt sein. *(trinkt, ab)*

ELSA: Mit Alkoholikern kenne ich mich aus.

RAIMUND: *(Schläge)* Einhundertvierundvierzig, einhundertfünfundvierzig, einhundertsechsundvierzig, einhundertsiebenundvierzig.

ELSA: Du hast den Zählzwang.

RAIMUND: *(nickt)*

ELSA: Das ist aber ärgerlich.

KAI: *(besorgt)* Wie wird man so was wieder los?

ELSA: Man geht zum Psychiater. Den sucht man auch auf, wenn man Potenzstörungen hat.

KAI: *(ärgerlich)* Du könntest freundlicher sein.

ELSA: In meinem Alter werden die Weichen gestellt. Wer sich jetzt für die Schwäche entscheidet, kommt sein Leben lang nicht mehr auf die Beine.

KAI: Das ist doch Unsinn.

ELSA: Du bist zu jung, um das zu verstehen. Und eine Frau muss erst recht wachsam sein, sonst ereilt sie das Helfersyndrom wie nix. *(Pause)* Wollt ihr nun Bescheid wissen oder nicht?

Kai und Raimund: *(schweigen beeindruckt)*

Elsa: Man muss sich in Stimmung bringen, sonst geht's nicht.

Kai und Raimund: *(schweigen weiterhin beeindruckt)*

Elsa: *(äugelnd)* So ein Gläschen Wein könnt's tun.

Kai: *(vorlaut)* Du gehst aber ran.

Elsa: Das ist meine Art.

Vater: *(mit Kiste, betrunken)* Junge Frau! Lernen Sie eine zweite Fremdsprache! Das wird sich auszahlen … Ich stehe Ihnen zur Verfügung. *(ab)*

Elsa: *(holt sich Wein, schüttet ihn hinunter)* So! *(etwas angestrengt)* Die Lippen anfeuchten …

Dritte Szene

Vater betrunken in der Ecke.
Die Beine im Schrank baumeln immer noch.
Raimund aus dem Kinderzimmer herein.
Kai ihm nach, derangiert.

Kai: Die Chance kommt so schnell nicht wieder.

Raimund: Geschlechtsverkehr könnte meiner depressiven Neigung entgegenwirken. Er könnte sie aber auch verstärken.

Beide gehen wieder zurück ins Kinderzimmer.
Fünf Hammerschläge.

Vater: *(im Suff)* Ich werde das Leben von einer anderen Seite aus ansehen müssen. Die Wege des Herrn sind unergründlich. *(singt)* Treibjagd, Treibjagd, blasen die Hörner so schön im Wiesengrund …

Pause.

Raimund: *(herein, derangiert)* Das war nichts.
Kai: Ein erster Versuch.
Raimund: Ich bin nicht reingekommen.
Kai: Du hast nicht hingesehen.
Elsa: *(auftretend, großmütig)* Ihr dürft nicht traurig sein. Die ersten Male sind immer schwierig. Ihr könnt froh sein, dass ihr an mich geraten seid. Ich bin verständnisvoll. Außerdem hab ich's nicht nötig. Ich bin autonom und befriedige mich auch allein. Ich kann fünfmal kommen, auch öfter, und ich hoffe sehr, dass ich später nicht vergesse, dass es so war. Viele Frauen vergessen es und können sich an nichts erinnern. *(Pause)* Ich kenn mich aus.
Kai und Raimund: *(schweigen beeindruckt)*
Elsa: Wenn ihr mal 'ne Frage habt! Jedenfalls wisst ihr jetzt, wie's aussieht bei den Frauen, da kann euch keiner mehr 'n X für'n U vormachen. *(ab)*
Kai: *(mutig, ihr nachrufend)* Du bist … 'n steiler Zahn!
Elsa: *(von fern lachend)*
Raimund: Jetzt wissen wir mehr.
Kai: Das ist was wert.
Raimund: Aber das kann ja nicht die ganze Wahrheit sein.
Kai: *(schweigt)*
Vater: *(betrunken, lacht)* Marty-ri-um …
Raimund: *(Hammerschlag)* Hundertdreiundfünfzig.

Vierte Szene

Raimund allein, er sitzt wieder aufrecht und wie angewurzelt in seinem Stuhl.
Die Tür des Schranks: geschlossen.
Der Vater schlafend in einer Ecke.

Raimund: Ich will ja gar nichts gegen die … *(buchstabierend)* Sexualität gesagt haben. Das ist etwas, womit ich mich die nächsten drei Jahrzehnte herumschlagen muss. *(denkt nach)* Mindestens. *(nach einer Weile)* Ich muss kesser werden! *(Hammerschläge)* Hundertvierundfünfzig, hundertfünfundfünfzig, hundertsechsundfünfzig.

STIMME VON NEBENAN, WEIBLICH: Das hängt immer noch schief. Ich habe ein gutes Augenmaß!

STIMME VON NEBENAN, MÄNNLICH: Aber ich habe die Wasserwaage benutzt!

Raimund geht zum Schrank und öffnet ihn vorsichtig. Noch immer baumeln die Beine herab.
Er geht zurück und setzt sich wieder hin.

RAIMUND: Ich werde mich konzentrieren! Die Konzentration ist eine große Kraft. Die Konzentration versetzt Berge. In der Konzentration findet sich der Mensch selbst. War er bislang *ein solcher*, so wird er durch die Konzentration *ein anderer*. Das ist verbürgt! *(laut)* Nimm dich zusammen!

Auf dem Platz vor dem Haus: Kai und Elsa in (klassischen) Hochzeitskleidern. Sie halten sich Masken ihrer selbst vor die Gesichter.

RAIMUND: Ich stell mir selbst nach, ich stell mich selbst in den Schatten.

Im Stile Tschechows

Erste Szene
Selbstbewusstsein

Wie ihr seht, ist es hier sehr still, und wir denken gleich an bestimmte Szenen bei Tschechow. Das ist gut so, denn um Theater geht es – unter anderem.
Wir bewegen uns vorsichtig um das aus starken Holzbrettern errichtete Haus. Der Wind pfeift um die Ecken, und wenn wir bei jedem Schritt so empfindsam auftreten, als gelte es, eine Spinne unterm Schuh zu schonen, so dass sie sich rechtzeitig klein machen und zusammenziehen kann, dann können wir sicher sein, dass wir niemanden auf uns aufmerksam machen.
Die Sonne, die langsam hinter uns untergeht – ja, wendet euch nur um! – wirft lange Bahnen dort hinaus, über das in südlicher Richtung unabsehbar weite, flache Land. Nicht ganz, aber fast steht sie im Winkel so, dass ihr gleißender Finger die stillgelegte Bahnstrecke aufspießt. Die, die nun aufglüht, im Abendrot. Ach, schaut euch bitte einmal alle um, denn es ist ein wirklich starker Anblick! Die stillgelegte Bahnstrecke in der Abendsonne …
Nun kommt aber! Wir haben noch einiges vor uns!
Auf der Veranda, die wir jetzt erreichen, in unserer allmächtigen Bewegungsfreiheit, in unserer für all unsere erfundenen Figuren katastrophalen Durchsichtigkeit, die zur Folge hat, dass wir sie, sie ihrerseits uns aber nicht erblicken, nicht erahnen, nicht *anfassen* können, sitzt eine junge Frau, die wir sofort als magersüchtig erkennen.

Sofern wir von der Magersucht etwas verstehen.
Sie rupft ein Huhn.
»Mit dir rupf ich ein Huhn«, sagt sie, sie sagt es leise vor sich hin, aber doch so, dass wir es hören können. Kommt nur näher! Ja, auch ihr da hinten! Ihr habt sie ja noch gar nicht gesehen. So, nun geht es besser. Platz hier vorn!
Das ist Paulina. Sie findet immer das richtige Wort, das werden wir noch erleben.
Wie still es ist!
Glaubt ihr, dass noch weitere Personen anwesend sind, zum Beispiel im Haus oder hinter dem Haus? Glaubt ihr das? Wollen wir darüber abstimmen?
So, so. Drei dafür, sieben dagegen.
»Ich habe dazu keine Meinung.«
Nein, Paulina meint nicht die Abstimmung. (Ein Gruppenleiter nutzt die Gelegenheit zum Scherz, wenn sie sich bietet.) Habt ihr gute Sicht auf die Ereignisse? Wie die Federn fliegen!
»Wenn alles vorbei ist, dann verliere ich einfach die Erinnerung. Komplett. Aha, wir sind miteinander im Bett gewesen? Ich weiß von nichts.« Seht, sie weint! Was ihr durch den Kopf geht: Dass niemand sie für eine Verrückte halten soll! Sie nicht, und Ophelia auch nicht. Paulina arbeitet an der Rolle der Ophelia. Wo immer sie geht und steht, auch jetzt, da sie das Hühnchen rupft. Sie frisst Ophelias Texte zum Frühstück, kaut sie, spuckt sie aus, verleibt sie sich wieder ein, scheißt sie aus, umschnüffelt die Exkremente. Sie macht das alles, dessen könnt ihr sicher sein, nach Plan, und ich bin sicher, ihr Schauspiellehrer hat bei der Ausarbeitung der Pläne ein gehöriges Wörtchen mitzureden …
Wohl dem, der Autoritäten kennt!
Drinnen hören wir jetzt – horcht nur! – Geräusche, die auf eine Strangulation hindeuten. Wer könnte es sein, der sich dort selbst kasteit? Woher ich weiß, dass es sich um eine Selbstkasteiung handelt? Nun, ich habe mich auf unseren Ausflug vorbereitet, was denkt ihr! Ich sage euch gleich:

Macht euch keine Hoffnung, wir werden nicht hineingehen! Du dort hinten! Du brauchst dich gar nicht so scheinheilig um die eigene Achse zu drehen und so zu tun, als wolltest du eine Zigarette rauchen. Ich weiß, dass du durch den Seiteneingang – der sonst nur für Hühner gedacht ist, ich sag's dir! – ins Haus schlüpfen willst, aber daraus wird nichts! Du wirst dich an meiner Seite halten!
Aber natürlich: das Fabulieren, das Arbeitshypothesen Erstellen kann ich niemandem verbieten. Was glaubt ihr – welche Qualen fügt er sich selbst zu? Denn es ist ein Er, das hört ihr an den markerschütternden Schreien!
Schneide dir nur nicht den Finger ab, Castor!
Aber jetzt, da er herauskommt, haben wir nicht den Eindruck, dass ihm irgendwas geschehen ist.
Auch er ist dürr, meint ihr nicht? Meine Güte! Wie kann man denn so ausgemergelt sein!
Passt auf, nun beschleunigt sich die Handlung! …

PAULINA: *(sehr laut)* Du warst es, der auf Knien vor mir gelegen hat. ›Paulina! Öffne mir deinen Schoß. Ich muss sterben, wenn ich dort nicht hineinkriechen kann.‹ Und dann, und dann? Ja, das kann doch nicht alles sein. Das muss doch sogar euch Männern klar sein … *(weint)* Jetzt ist es hin, die Toilette hinab! Und du sagst, wir wollen nicht mehr davon reden. Das ist schön und gut. Aber es kehrt ja aus jedem Busch wieder, aus jedem … Buch wieder … *(weint)*

CASTOR: Paulina!

PAULINA: Paulina, Paulina! Und nun willst du von mir nichts mehr wissen.

Hört, wie sie jetzt zu ihm sagt, und das plötzlich so kalt wie Eis: »Na gut, Schwamm drüber. Aber eins muss dir klar sein. Wenn du meinst, du kannst, was geschehen ist, als Vorwand benutzen, um dich in deine kleinen, einsamen Schweinereien zurückzuziehen, dann hast du dich getäuscht. Ich brauch's.

Frag mich: Wie oft? Ich sage: Jeden Tag. Du nennst das Machtausübung mit sexuellen Mitteln. Pah ...«

Kommt! Wir lassen die beiden allein. Wir haben noch jemanden zu entdecken. Keine Protagonistin, aber doch eine beachtenswerte Nebendarstellerin: die ›Komische Alte‹! Und während wir, wieder so empfindsam, als lägen Spinnen auf dem Weg, zum Hinterhaus zurückschleichen, hören wir noch, wie Paulina ruft: »Ein bisschen Menschlichkeit!« Wir hören, wie sie den Bahndamm entlang fortgeht, und wie Castor brummelt: »Liebe!« Das brummelt er, und dann erzählt er sich selbst, wie das anfing mit Paulina, wie er – geht leise, dann hören wir's noch! – in der Kantine eines Theaters einem Schauspieler erklärte, dass um 500 v. Chr. gewisse Fragen in der Luft gelegen haben müssen, denn Platon habe, wie Buddha, nach der Erleuchtung gesucht, Platon sei Buddha aber unterlegen gewesen, denn er habe nur *einen* Königsweg zur Erleuchtung gekannt, den der Knabenliebe – ja, eine tolle Geschichte! – während Buddha jedem Heilsuchenden, der zu ihm kam, einen *individuellen* Weg zur Erleuchtung wies; aber immerhin, es sei ja erstaunlich ... und: was, was, was sei denn so erstaunlich, habe dann die Frau hinter ihm gefragt und habe sich sofort über seine Schulter an seine Wange gelehnt, das war Paulina, die er erst am Vormittag bei einer Probe kennen gelernt hatte, und so begann alles ... Aber das hören wir jetzt nicht mehr, weil er gar zu sehr brummelt. Und uns interessiert es ja auch nicht mehr, weil wir jetzt, auf der Suche nach der Nebendarstellerin, das Hinterhaus inspizieren.

Ist dies die Hebebühne, die für uns vorbereitet ist? Danke, Mark! Du hast jetzt Feierabend. Ich weiß, wie man das Ding betätigt. Nun, hinauf mit euch!

Da!

Das ist Frau Dreiling, die sich vor dem Spiegel in ihrem Zimmer im ersten Stock zu einem frischeren Äußeren verhilft. Verschiedentlich schaut sie zur Tür. Sie überlegt, ob ihr Erscheinen im Zentrum der Komödie, das ist: auf der

Veranda, bereits erwünscht ist. Frau Dreiling ist Paulinas Mutter, aber Paulina sperrt sie gern ein. Sie sagt zum Beispiel: »Mutter, etwas zu lesen kann auch schön sein. Und kümmer dich nicht darum, wenn Schreie durch das Haus schallen. Ich arbeite an der Ophelia, und es ist gemeine Nachrede, von ihr zu sagen, sie sei zu schwach, um die Stimme zu erheben. Ich werde beweisen, dass das Gegenteil richtig ist. Und auch Castor hat seine Art, sich die Zeit zu vertreiben.«
»Ja, mein Kind!«
Hört ihr? Auch Frau Dreiling übt ihre Rolle.
»Ja, mein Kind! Nein, mein Kind!«
Wollen wir sie ein wenig erschrecken? Also bitte. Jetzt im Chor! »Frau Dreiling!«
»Huhhhh …«
Da kippt sie aus den Schuhen! Aber keine Sorge, sie wird immer denken, dass sie eine kleine Halluzination hatte. Kleine Halluzinationen gehören zu dieser Familie wie der Pansen zur Kuh.
Nun ist die Gruppe fast vollständig. Frau Dreiling, ihre Tochter Paulina, Castor, ihr Schwiegersohn – ja, sie sind verheiratet! –, und dort, der, der nun aus dem Schatten des Walds heraustritt und mit hastigen Schritten über den kleinen Hügel auf das Haus zu eilt, hinter dem Busch dort verschwindet, jetzt wieder den Kopf hebt, das nächste Versteck anvisiert und so immer näher kommt, das ist Castors Bruder. Er heißt Siggi, er will, wie unruhiges Kopfschütteln und geballte Faust es verraten, seinen Bruder aus der unseligen Liebesverbindung erlösen, die ihn so selbstzerstörerisch, so körperlos hat werden lassen. Aber Siggi wird damit erfolglos bleiben und insofern auch, das sei vorausgeschickt, keine größere Rolle in unserer Geschichte spielen. Wir können also offen lassen, ob er je beim Bahnwärterhäuschen – denn darum handelt es sich, um ein verlassenes Bahnwärterhäuschen an einer stillgelegten Bahnstrecke – ob er je hier, wo wir bereits angekommen sind, ankommen wird.
Wir könnten diesen Siggi ohne weiteres auf seine eigenen

Probleme hinweisen. Wir würden dann zum Beispiel – und würden uns zu diesem Zweck in Castors Hülle werfen, damit er uns überhaupt zuhört – so zu ihm sprechen: »Nun mal nicht so muffelig! Ist das eine klitzekleine Depression, die wir hier mit über die Steppe hinter uns herziehen, wie einen schweren flickenbesetzten Teppich? Der aber doch seine Schönheiten hat, nicht wahr? … Willst du den Bruder retten, du, der sich selbst nicht retten konnte?«
Und Siggi sagt: »Die Liebe darf nicht zerstörerisch werden.«
Ja, aber wer wollte darüber das letzte Wort sprechen!
In der Ferne knallt ein Schuss.
Das bringt mich aus der Bahn. Davon wusste ich nichts. Lassen wir Siggi fallen, denn er ist es nicht, der geschossen hat. Wir hören Paulina weit entfernt lachen. Noch ein Schuss! Sieh an! Er wirft sein Echo über die offene Ebene bis zu uns herüber. Und wieder lacht Paulina! Wollte sie nicht dort draußen, am Bahndamm, an den Texten der Ophelia arbeiten? Da schießt es ein drittes Mal.
Castor ist unruhig. »Es schleicht jemand nachts ums Haus.«
»Ich bin's nicht«, sagt Siggi, der eben das Haus erreicht, seine Deckung aufgibt und neben den Bruder tritt. (Und, kaum in die Geschichte eingeführt, bereits abgespielt ist! Er verzieht sich in den Keller, dort gibt es Marmeladengläser zu säubern, wir werden ihm nicht folgen.)
Nun betritt Frau Dreiling die Szene.

FRAU DREILING: Da bin ich.

CASTOR: Ein wortgewaltiger Auftritt, Mutter! Setz dich zu mir.

FRAU DREILING: *(unsicher)* Ist alles gut und schön?

CASTOR: Das kommt drauf an, was du darunter verstehst. Wenn du meinst, es ist gut und schön, dass Paulina die ganze Nacht weint, wenn du glaubst, es ist gut und schön, dass ich dazu schnarche und, wenn ich erwache, ein Kissen nach ihr werfe, dann ist alles gut und schön.

Frau Dreiling: *(behutsam)* Aber ihr … ihr habt euch doch lieb …

Castor: Oh, im Bett sind wir elektrisch. Falls du das meinst … Aber das nützt ja manchmal nicht so viel, wie man denkt. Ich glaube übrigens, sie betrügt mich.

Frau Dreiling: *(entrüstet)* Wo nimmst du das her! Davon weiß ich nichts.

Castor: Aber Mutter! Da gibt es kaum einen Zweifel. Sie sagt, ich bin in zwanzig Minuten zurück, und taucht drei Stunden lang nicht wieder auf. Ich schaue hinter jeden Busch in der Umgebung. Und ist sie wieder da und stelle ich sie zur Rede, sagt sie: ›Nimm dir 'nen Detektiv.‹ Das werde ich tun, Mutter! So peinlich, so beschämend es für uns alle ist. Ich brauche Gewissheit. Wenn alles klar ist, werde ich sie auf Knien um ihre Rückkehr bitten. Ich werde ihr verzeihen, und wir werden eine weitere schöne Nacht haben. So funktioniert das –

Frau Dreiling: Junge, du beängstigst mich.

Castor: Das ist ja auch die Absicht.

Die Sache droht uns davon zu laufen. Nur noch wenige klare Hinweise bitte!

Castor: Jedenfalls schleicht da jemand herum. Die Schüsse sind auch nicht von ungefähr.

Frau Dreiling: Ich kann nichts dafür. Ich war immer eine gute Mutter.

Castor: Da lachen ja die Hühner.

Danke! Nun wird es dramatisch weitergehen: Paulina erscheint mit dem Hasen. So, bitte von links: der Hase … Ach, du liebe Güte, sie kommt von der anderen Seite. Schnell, zerstreut euch! Da, um die Holzblöcke herum. Versteckt euch! Paulina ist hellsichtig. Sie ist in der Lage, uns zu erkennen. Sie versteht etwas von Literatur.
Na, grad noch gutgegangen!

Sammelt euch! Habt ihr einen schlechten Platz erwischt?
Was reckt ihr die Hälse?
Wie geht's weiter!
Ihr hier vorn, sagt's denen weiter, die hinten stehen!
(presto) Paulina gibt ihrer Mutter zu verstehen, dass sie mit ihrem frühzeitigen Erscheinen auf der Veranda nicht zufrieden ist. Die Mutter gibt ihr zu verstehen, sie könne ja nicht den ganzen Tag in dem ihr zugeteilten Zimmerchen sitzen und sich die Härchen an den Beinen auszupfen. Ja, lesen, lesen! Das sei bei dem kleinen Fenster und den entsprechend düsteren Lichtverhältnissen schlecht für die Augen! Sie fühle sich außerdem einsam, sie sei schließlich zu Besuch. Oh, jetzt fällt Paulina Castor um den Hals. Sie gibt ihm zu verstehen, dass sie einander nie wieder böse sein dürften. Egal, was geschehen sei. Frau Dreiling, Paulinas Mutter, gibt beiden zu verstehen, dass sie gern wüsste, was denn geschehen sei. Beide geben ihr neckisch zu verstehen, das gehe sie nichts an. Um eine bevorstehende Geburt handele es sich jedenfalls nicht. Eher, so geben sie zu verstehen, um das Gegenteil. Das will Frau Dreiling nicht verstehen müssen. Nun gibt Castor Paulina zu verstehen, er wüsste gern, wo dieser tote Hase herkomme. Paulina gibt zu verstehen, es sei ihr weit und breit niemand begegnet. Warum sie dann gelacht habe? Sie habe über Laertes nachgedacht, und das sei wirklich zum Lachen! »Was Hamlet betrifft und sein Werben, nimm's für 'ne Laune ...« Hahaha! Hahaha!
Castor bittet um den Hasen.
(ritardando) Paulina – hier hören wir noch mal genau hin, ihr sollt es alle hören, und nicht meiner leisen Synchronisation vertrauen müssen – Paulina sagt: »Du würdest ihn auch nur ins Klo runterspülen.«
(a tempo) Wir sehen, wie Castor ins Haus geht. Ich denke – was denkt ihr? –, er tarnt sich. Er hat etwas vor. Er gähnt, aber es ist schlecht gespielt. Wie kommt es, dass Paulina das nicht auffällt! Sie ist doch Expertin. Ihr Schauspiellehrer hat sie doch immer wieder gerade auf die Notwendigkeit hin-

gewiesen, in der Beobachtung der Menschen nie nachzulassen. Das sei das Grundkapital des Schauspielers. Aber die Anwesenheit der Mutter – wie es so ist – macht sie dumpf und schwerfällig. Ich glaube, sie hat noch nicht mal gemerkt, dass Castor aufgestanden und fortgegangen ist, warum sonst würde sie, dorthin gewandt, wo er eben noch stand, sagen: »Es war nur eine kleine Operation, nicht wahr? Ach, Mutter! Castor hat mich gezwungen, aber das tut ja nichts zur Sache. Es handelte sich ja schließlich nur um einen … Pickel. Aber auch ein Pickel kann wichtig sein, und die … Schönheit empfindlich stören. Nicht wahr?«
Seht, wie sie einknickt! Sie hat ja alle Farbe verloren!
Drängelt nicht so! Ihr alle wollt einmal einen Menschen sehen, ich weiß, der seinen Mut verliert, der glaubt, er habe bereits das Beste, seine Kindheit, hinter sich.
»Das wär's noch! Die Kindheit!«
Oh, seht ihr! Paulina hat uns entdeckt. Da ist die vierte Wand aufgegangen …

Frau Dreiling: Nun wird sie erzählen, dass ich sie vernachlässigt habe!

Oh, auch das noch! Auch Frau Dreiling hat uns bemerkt. Bewahrt Form! Sie werden sich später, so hoffe ich, an nichts erinnern können …

Frau Dreiling: Und dass ich sie als Zweijährige allein zu Hause gelassen habe. Dass ich ausgegangen bin, dass ich getrunken habe, dass ich ihr nichts zu essen gegeben habe. Dass fremde Leute sich um sie kümmern mussten. Dass sie sonst verhungert wäre. Und dass ich eine Frömmlerin bin.

Paulina: Genau so ist es.

Frau Dreiling: Es ist eine Schande, dass du deiner alten Mutter nichts nachsiehst!

Paulina: Hier haben Lügen keinen Sinn.

Paulina sieht uns scheu an.

Frau Dreiling: Du musst bedenken, dass ich allein war. Dein Vater – der Scheißkerl! – hat sich ja um nichts gekümmert. Dir hat er eingeredet, er sei der einzige gewesen, der den Laden am Laufen gehalten hat. Aber ich sage dir: Das stellt er so dar, um sich reinzuwaschen. Und weil er ein hohes Tier in der Filmbranche ist, glaubt ihm alle Welt. Er darf diesen Quatsch in jedem Interview von sich geben. Er sagt: ›Meine Frau ist eine verrückt gewordene Ex-Schauspielerin ohne Talent. Aber sie besitzt ein paar Häuser, deshalb sage ich nichts. Sie ist im Stande, heiratet neu und enterbt die Kinder.‹ Und das glaubt die ganze Fernsehwelt.

Paulina: Schau mich an, ich bin so dünn. Ich habe auch ganz schlaffe Brüste, obwohl sie so klein sind, und meine Brustwarzen … Ich glaube, sie sind noch nie aufgestanden!

Frau Dreiling: Das macht doch nichts.

Paulina: Mein Kind hätte ja gar nicht die Brust in den Mund gekriegt.

Frau Dreiling: Wenn man schwanger ist, wachsen die Brüste. Alles verändert sich. Es ist sehr schön, schwanger zu sein. Manche sagen, es ist die Erfüllung der Frau. *(mit roten Wangen)* Ich will es so nicht sagen. Für mich zählen auch andere Dinge …

Paulina: Sag, Mutter, hast du den Vater geliebt?

Frau Dreiling: Unerhört!

Paulina: Ihr habt die Brüder gezeugt, wenn ihr betrunken wart.

Seht, die alte Frau droht in Ohnmacht zu fallen!

Paulina: *(brüllt)* Ihr habt doch gar nicht zueinander gepasst. Er, der Prolet. Du, die höhere Tochter!

Frau Dreiling: *(in sanften Gefilden versunken)* Ich habe so schön Klavier gespielt.

Paulina: *(jammernd)* Ich auch, ich auch …

Frau Dreiling: *(warm)* Oh ja. Das ›Waldesrauschen‹. Aber du hast es nie fehlerlos gespielt.

Paulina: Ja, und … *(knirscht mit den Zähnen)* du hast immer gesagt: ›Krümme die Finger wie kleine Hämmerchen.‹ Wie Hämmerchen! Ich höre es noch. Es hämmert mir das Hirn inwendig entzwei: wie Hämmerchen, Hämmerchen, Hämmerchen …

Davon machen wir ein Foto! Rasch! Wie sie da mit den Fingern auf Frau Dreilings Kopf einhämmert, und die arme, alte Frau versucht, sich zu entziehen. Das ist schön! Das ist schrecklich!

Frau Dreiling wird sich bald beruhigen. Sie wird fragen, wovon die beiden leben. Und Paulina weist darauf hin, dass ihre Ehegeschichte, einmal in Text gefasst, Gold wert ist.

»Ja, sie hat Recht, wir produzieren Gold.« Das ist Castor, der auf die Veranda zurückkommt. »Tonnenweise. Wir sitzen da, denken über uns nach, und plötzlich liegt Gold zu unseren Füßen. Riesige Klumpen. Nun ziert euch doch nicht so! Es ist Zeit!«

»Wie bitte?«

Er meint uns!

Zweite Szene
Bewusstsein

Unsere Gruppe – eine Touring-Group der Agentur *literature-life* – tritt aus dem Schatten des Hauses hervor.

»Wir können Zeugen brauchen«, sagt Castor. »Es wird ja vielleicht noch zu ganz anderen Auseinandersetzungen kommen.

»Also, dann kommt«, sage ich. Wenn wir einmal entdeckt sind …

Wir versammeln uns auf der Veranda. Paulina nickt uns zu.

Sie möchte nicht unfreundlich wirken, aber es wäre ihr lieber, wir kämen ein anderes Mal.
»Nun, Paulina, jetzt wollen wir den Tag fröhlich genießen«, sagt Castor. »Wir haben Gäste. Und wäre das nicht eine gute Gelegenheit, die ersten Ergebnisse deiner Forschung über Ophelia einem breiteren Publikum vorzustellen? Ach, nun komm schon! Sei nicht unlustig ... Wie sieht es zum Beispiel aus mit Laertes, dem Bruder? Glaubst du, dass ein verdeckter Inzest des Rätsels Lösung ist?«
Frau Dreiling zuckt zusammen: »Castor!«
Wir scharen uns eng zueinander. »Es wäre schön, etwas darüber zu hören«, sage ich höflich.
Da erhebt sich Paulina und spricht.

Paulina: *(schnell)* Wenn ihr also einmal da seid ... Laertes, um mit ihm zu beginnen, wie du es gewünscht hast, Castor, gehört zu der Gruppe von Männern, die an Ophelias Untergang schuld sind. Sie ist geradezu umstellt von Männern, die es als ihre Hauptaufgabe ansehen, ihr zu sagen, wie sie sich verhalten soll. ›Was Hamlet betrifft und sein Werben, nimm's für 'ne Laune ...‹ Ich könnte weitere Textstellen als Beleg anführen. Ich nehme an, dass Ophelia schwanger ist. *(abwehrend)* Ich weiß, diese These wird Entrüstung auslösen, aber manches Verhalten kann ich mir nur so erklären. Ich erwäge auch die Möglichkeit, dass sie ... dass sie einen Eingriff hat vornehmen lassen. Was im Hinblick auf die eintretende Katastrophe weiterhin berücksichtigt werden muss, ist Ophelias Neigung, in der Vergangenheit das verlorene Paradies zu sehen. Sie weiß, dass sie mit ihrem Bruder zum Beispiel einstmals glückliche Tage verbracht hat, aber sie scheint nicht begriffen zu haben, dass es damit aus ist. Und sie glaubt, Hamlet, ihr Jugendfreund, sei das kindliche Gemüt geblieben, das er war. Ophelia liebt Hamlet, weil sie meint, er werde sich von der Gesellschaft nicht einfangen lassen. Und sie übersieht, dass das vielleicht stimmt, dass er aber deshalb noch lang kein Gespür für Frauen haben muss. Ich persönlich liebe ihn, weil er doppelgeschlechtlich ist, aber er gehört zu den Männern, die sich bei den Frauen einschmeicheln und dann mit der Beute davonrennen. Natürlich wird er von seinem Vater abgelenkt, das kann als Entschuldigung gelten. Alles in allem: Ophelia hat keine Chance, glaube ich. Sie hat keine Freundin. Hamlets Mutter, die als Ersatzmutter für sie in Frage käme, denn sie ist ihr zugetan, ist krank, und ihre Jugend liegt zu weit zurück. Außerdem hat Hamlets Mutter Sex, ich meine … regelmäßig. Ich glaube, Ophelia ist schwanger, aber sie hat keinen … regelmäßigen Sex. Mit wem auch? Hamlet zieht, darin bin ich mir sicher, die Onanie alles in allem vor. Ophelia ist in vieler Hinsicht apathisch. Leider. Das muss ich ihr vorwerfen.

Wir stehen in Ehrfurcht. Ein hochgewachsener Mann in schwarzem Anzug, der übrigens fast den Bus verpasst hätte und nun sicher froh ist, dass wir auf ihn gewartet haben, klatscht leise in die Hände, und wir folgen, seltsam gehemmt, seinem Beispiel. Paulina neigt kurz den Kopf. Wie einfach, wie jung diese Geste!

Ja, und nun tritt eine Phase der Geschichte ein, in der alles in seltsamer Weise zur Ruhe kommt. »Alles ist gut«, sagt Castor eben jetzt, und er blinzelt in die Abendsonne. Auch Paulina scheint befriedigt. Sie krault ihm das Haar. Frau Dreiling streicht sich den Rock glatt, und wie sie diese Bewegung immer und immer wieder wiederholt, wird sie zu einer Geste des Friedens. Und wir? Wir lassen uns nieder, wo sich eine Gelegenheit gibt. Ein Junge im grünen Pullover, der mir gleich von Anfang an aufgefallen ist, weil er so jung ist – und natürlich war er es, der sich zu Beginn der Exkursion ins Haus stehlen wollte, um Castor bei sicherlich jugendgefährdenden Handlungen beobachten zu können –, dieser Junge im grünen Pullover sitzt auf dem Felsbrocken am Rand der Veranda und schnitzt an einem Holzstück. Ein

Figürchen wird das nicht! Er wird schnitzen, bis nichts mehr da ist, dessen bin ich gewiss! Und die beiden, die sich, ich habe es bemerkt, während unserer kleinen Tour ineinander verliebt haben, trollen sich da, Schritt für Schritt, in ein Gespräch über Ophelia vertieft! Und sie sind keineswegs besserwisserisch, wie Paulina und Castor es jedenfalls wären. Sie sprechen in kurzen Sätzen, träumerisch, es bleibt Raum, zum sich tiefblau färbenden Abendhimmel hinaufzuschauen. Jetzt erst sehe ich, dass der junge Mann einen altertümlichen Dreiteiler an hat, und sie ... Sieh an! Woher hat sie denn dieses stilechte Jahrhundertwendekostüm! Was für ein schöner Anblick, die beiden, wie sie sich da langsam entfernen. Und sie wechselt das Sonnenschirmchen von der einen in die andere Hand. Vielleicht wird sie ihm gleich damit auf die Schulter tippen, und das wird die erste Annäherung sein. Eine zarte und doch bereits etwas freche. Und so ist es gut! Ich sehe, dass Castor ihnen nachschaut. Und die ältere Frau, die, wie sie sagt, Anregungen für ihre eigenen schriftstellerischen Versuche sucht, pellt sich die Strumpfhose von den Beinen. Es sieht ein bisschen seltsam aus, wie sie da mit der Hand in ihrer Hose herumfummelt. Sie zieht eine neue Strumpfhose aus der Tasche und ... Ach, wir lassen sie. Und ist es nicht so? Löst sich ihr Bild nicht auf? Verschwindet es nicht eben grad jetzt in der Dämmerung? So ist es. Wir alle, die wir um Paulina, Castor und Frau Dreiling geschart sitzen, stehen, liegen, wir lösen uns auf. So friedlich wird der Abend, dass es uns bald, in wenigen Lidschlägen, nicht mehr gibt.
Zweige eines Buschs schlagen, vom Wind bewegt, ineinander.
Ein Vogel hat sich in der Dachstube verirrt, ich höre ihn aufgeregt zwischen den dort aufgehängten Bettlaken flattern.
Fern ein Kauz.
Und eben da, kurz bevor ich selbst ins Nichts eingegangen wäre – treten die beiden Polizisten auf! Paulina durchschaut sofort alles. Sie sagt: »Du bist ein großes Schwein.« Und Castor lacht laut auf.

Der Rest ist klar. (Ich merke, die wiedererstarkte Gruppe ist nicht mehr zu interessieren.) »Sie haben angerufen?«, sagen die Polizisten. (Sie sprechen im Chor, das könnte noch eine letzte Möglichkeit sein, Aufmerksamkeit zu schaffen.)
»Meine Frau«, sagt Castor ernst, »hat diesen Hasen unweit von hier gefunden. Es sieht so aus, als seien Wilderer in der Nähe.«

POLIZISTEN: *(im Chor)* Haben Sie jemanden gesehen?
PAULINA: *(wortkarg)* Ja. Einen schwarzen Mann.
POLIZISTEN: *(im Chor)* Könnten Sie das präzisieren?
PAULINA: Er trug eine schwarze Uniform, einen schwarzen Motorradhelm, eine dunkle Brille.
POLIZISTEN: *(im Chor)* Und er war Ihnen ganz unbekannt?
PAULINA: So ist es.

»Darauf kommt es ja an«, wirft Castor ein. Und Paulina beginnt zu weinen …
»Würden Sie uns«, sagen die Polizisten (im Chor), einfühlsam, aber auf ihre Mission beharrend, »zeigen, wo Sie den Hasen gefunden haben?«
Unschlüssig steht Paulina da.
Castor zögert. Er blickt den Bahndamm entlang. Wüsste er, wo zu suchen wäre?
Frau Dreiling holt den Lippenstift aus der Handtasche.
Jeder wartet auf jeden.

Dritte Szene
Einssein

Jetzt geht Paulina los. Im Vorbeigehen hebt sie die Plastikplane auf, die ich, Castor, von den Gartenmöbeln heruntergenommen habe, weil Gäste kamen. Sie schleift sie – und es sieht so aus, als sei es ihr Auszug in die Fremde – gleichgültig hinter sich her. Am Schuppen dann lässt sie die Plane los.

Und die Polizisten müssen um das Plastiktier herumgehen. Ich denke, das war ihre Absicht, ein kleiner, nicht nachzuweisender Protest, gegen nichts und niemand, gegen mich, gegen die Mutter.
Ich mache Scherze, für Mutter. Ich sage: »Das ist kein Polizist, das ist nur seine Erscheinung.«
»Und du glaubst wirklich«, Mutter zögert, »dass sie dich betrügt?«
»Nun«, ich beharre munter auf meiner Darstellung der Dinge, »es ist offensichtlich. Sie macht jetzt – entschuldige, wenn ich konkret werde – ganz andere Bewegungen mit dem Becken als früher. Erstens: Woher hat sie das? Zweitens sorgt sie mit geschickten Tricks dafür – und schreckt auch nicht vor du-kannst-dir-vorstellen-was-für Verbaläußerungen zurück, Mutter –, dass ich rasch komme. Du hast die Zeit deiner sexuellen Aktivität wahrscheinlich hinter dir, aber du wirst dich erinnern, dass es nicht immer darum gehen kann, schnell zu kommen. Es gibt nur eine Erklärung: Sie will es rasch hinter sich bringen. Ob sie kommt, weiß man ohnehin nie, aber daran habe ich mich gewöhnt.«
»Das sind ja schreckliche Geschichten.«
»Nicht wahr?«
Jetzt ist es fast Nacht.
Die Polizisten treten ins Licht der Veranda. Sie haben den Hasen in eine Zeitung eingeschlagen. Fast klingt es, als versicherten sie uns ihrer Ehrerbietung, als sie nun (im Chor) sagen: »Wenn Sie Schüsse hören, benachrichtigen Sie uns. Der schwarze Mann ist kein Unbekannter.«
Und da sie sich fortmachen, steht auch Paulina im Licht.
»Wird es nicht Zeit, Mutter?«
»Ja, Kind, du hast recht. Na, dann … Schlaft nur gut.«
»Gewiss, Mutter«, sage ich.
Und Paulina setzt sich zu mir, ja, setzt sich gar zu mir in denselben Sessel! Ganz dicht bei mir sitzt sie, fast liegt sie an meiner Brust – ohne dass sie sich etwa sonderlich an mich geschmiegt hätte. Ich höre, wie ihr Atem geht, ein wenig auf-

geregt, weil sie mit den Polizisten bis zum Waldesrand gelaufen ist. Ich höre ihr Herz schlagen. Ich spüre, wie ihre Augen blinzeln. Ihr Atem ist meiner, ihr Herz das meine.

PAULINA: Das Kind ist weg. Es hätte mir vielleicht Ruhe gegeben.
ICH: Ich hätte dich gehasst.
PAULINA: Vielleicht nicht mehr, wenn es da gewesen wäre.
ICH: Das Kind hätte einen Helden in mir gesehen. Alle Kinder tun das. Ich hätte mich in Grund und Boden geschämt.
PAULINA: Du musst Glauben haben.

Gas City, USA

Szenen

Herbst 1975

1

CHRISTIAN: *(findet einen 10-Dollar-Schein auf der Straße)*
ERIC: Shit.
CHRISTIAN: Du bist neidisch.
ERIC: *(wütend)* Wo habe ich meine Augen gehabt!

2

JOHN: *(in der Küche)* Sonnie und ich haben uns vor zweieinhalb Jahren scheiden lassen. Aber wie's so ist! Wir fangen wieder an, miteinander in die Kiste zu gehen, Sonnie wird schwanger, wir heiraten zum zweiten Mal. *(rechnet)* Scottie ist jetzt acht Jahre alt, Amanda Jane drei Monate. *(nimmt einen Drink)* Es ist alles wieder wie vorher. *(lacht)* Ich höre, wie sie zu dir sagt: ›Chris, you're a nice guy, you're really a nice guy.‹ In Wirklichkeit will sie sagen: Was für ein Arschloch ist mein Mann John.
CHRISTIAN: Eric sagt, du hast sie auf dem Küchentisch hergenommen.
JOHN: *(nebenbei)* Was soll ein Mann schon tun?
CHRISTIAN: Er sagte: ›He balled her on the kitchen-table.‹
JOHN: *(nachsichtig)* My little brother.
CHRISTIAN: Er bewundert dich.
JOHN: Ich sehe die Dinge so an: Wir leben in einer freien Gesellschaft, das wird behauptet. In der Sowjetunion gibt es

keine Reisefreiheit. Aber was mich betrifft: Für mich gibt es auch keine Reisefreiheit. Ich habe kein Geld, um nach Europa zu fliegen. Bin ich also frei?

CHRISTIAN: Amerikaner sind Kommunistenhasser.

JOHN: *(lacht)* Them damn communists.

BEVERLEE: *(betritt die Küche, eine Zigarette im Mund)* Hi, John.

JOHN: *(ruhig)* Hi, Mom.

John ist der Sohn aus Beverlees erster Ehe. Johns Vater ist auf der Hochzeitsreise in den Bergen abgestürzt.

JOHN: *(zu Christian)* Also, lassen wir uns halt wieder scheiden.

BEVERLEE: Oh, John!

CHRISTIAN: *(denkt insgeheim, gierig)* Falls Joe heute nicht nach Hause kommt, könnte es sein, dass wir zu McDonald's gehen.

JOE: *(betritt mit einer Aktentasche die Küche)* Hi, John.

JOHN: *(ruhig)* Hi, Dad.

JOE: Hi, Bev.

BEVERLEE: Hi, honey. How was your flight?

JOE: Allright. Hi, Chris.

CHRISTIAN: Hi, Dad.

JOE: Where's Eric?

CHRISTIAN: He's out with Marc Benedict.

JOE: Why didn't you go with them?

CHRISTIAN: I had to write a letter.

JOE: You always write letters. I hope you're going to write letters to us, when you're back in old Europe.

3

ERIC: *(im Auto, hinaussehend)* Die verdammten Schwarzen!

BEVERLEE: *(scharf)* Eric! *(rational, zu Christian)* Lass dich auf keine Provokation ein! In der Schule herrscht eine aufgeheizte Stimmung.

ERIC: Im letzten Jahr gab's Schlägereien in der school-cafeteria.

BEVERLEE: Gas City hat vierzig Prozent Schwarze.

ERIC: Wie die Ratten.

BEVERLEE: Eric!

ERIC: *(empört)* Well, Mom …

BEVERLEE: *(scharf)* Eric, shut up!

ERIC: Ich sage nur die Wahrheit! They're *stupid*. Chris, was ist mit den Schwarzen in Deutschland?

CHRISTIAN: *(trocken)* Wir wissen, wie wir Leute loswerden, die wir nicht in unserem Land haben wollen.

ERIC: *(verständnislos)* Ja?

CHRISTIAN: *(lacht)*

4

Schule, die Lehrer streiken.

DIREKTOR: *(zu Beverlee)* Das wird noch eine Woche dauern.

CHRISTIAN: *(sehnt den ersten Schultag herbei)* Was für ein Unsinn!

Dinner-time.

CHRISTIAN: *(schreibt einen Brief)* Hier streiken die Lehrer. *(ungeduldig)*

BONNIE: *(schaut durch die Tür herein)* Mom says, you're writing a letter.

CHRISTIAN: *(hastig)* Waiting for school to start.

BONNIE: *(ohne Umschweife)* Mit fünfzehn ist man zu jung für so was. Ein Jahr ist lang.

CHRISTIAN: *(beleidigt)*

BONNIE: *(steigt in Freds Auto, zurück ins College)*

5

Wohn-Container. Beverlees Freundin Barb, fett.

BARB: Du kannst immer zu mir kommen, Klavier spielen. *(buchstabiert)* Bach, Beethoven …

CHRISTIAN: Ja, das hat Beverlee gesagt.

BARB: Ich höre dir gern zu. *(sie fingert an ihm herum)*

CHRISTIAN: Sie hat auch gesagt, ich soll vorsichtig sein.

BARB: Was heißt denn das?

CHRISTIAN: Sie hat gesagt, du stehst auf kleine Kinder.

BARB: *(lustig)* Du bist kein kleines Kind.

CHRISTIAN: In gewissem Sinn schon.

BARB: Na, in welchem denn?

CHRISTIAN: Ich bin unerfahren. Ich kann küssen, masturbieren, ein bisschen unter den Pulli greifen, mehr nicht.

BARB: *(schlürft Speichel)*

CHRISTIAN: Und ich will nicht von einer frustrierten fetten Amerikanerin vergewaltigt werden.

BARB: *(drohend)* Wir werden sehen. *(schließt den Container ab)*

CHRISTIAN: Auf Vergewaltigung steht die Todesstrafe.

BARB: *(lacht hämisch)*

CHRISTIAN: *(jung)* Ich werde dich nicht schonen, das glaube ja nicht.

BARB: *(frisst Chips)* Dann erzähl doch mal, was du noch alles kannst. Küssen, Masturbieren …

CHRISTIAN: Vielleicht lieber, was ich nicht kann.

BARB: Was du nicht kannst. Um so besser.

CHRISTIAN: Fotze lecken, rammeln, reinstecken, Arsch wichsen, ins Gesicht pissen.

BARB: *(Hand unterm Gürtel)* Nicht schlecht.

CHRISTIAN: *(schüttet das Bier ins Klavier)*

Noch zehn Monate und drei Tage, bis das Jahr herum ist.

6

Mann an der Orgel: *(spielt)*

Mr. Monroe: Buxtehude.

Christian: *(kennt das Stück nicht)*

Mann an der Orgel: *(blickt über die Brüstung)* Hi.

Mr. Monroe: *(leise, zu Christian)* Er macht nicht viele Worte.

Mann an der Orgel: *(kommt von der Empore herab)* Die ist wieder in Ordnung.

Mr. Monroe: Das ist Christian, Austauschschüler. Ein sehr guter Musiker. Er wird beim nächsten Schulkonzert mitmachen. Er spielt Klavier.

Mann an der Orgel: Ach ja?

Christian: Tolle Orgel. Klingt toll.

Mann an der Orgel: Okay.

Mr. Monroe: Er hat einen Kulturschock. Deshalb nehme ich mich seiner an.

Mann an der Orgel: *(lacht)*

Mr. Monroe: Er hält alle Amerikaner für dumm.

Mann an der Orgel: Da hat er recht.

Mr. Monroe: *(lacht)* Jetzt muss er noch zehn Monate mit uns aushalten.

Christian: Neun Monate und zehn Tage.

Mann an der Orgel: *(träge)* Wer weiß, wie viele Jahre und Tage wir noch mit uns aushalten müssen.

Mr. Monroe: *(lacht)* Ich soll dich von Elizabeth grüßen.

Mann an der Orgel: Wie geht es ihr?

Mr. Monroe: Sie ist tapfer. Wir werden uns arrangieren müssen.

Mann an der Orgel: Ja.

Mr. Monroe: Es verbindet. Wenigstens das.

Mann an der Orgel: Ja.

Christian: *(außen vor)*

Pause.

Mann an der Orgel: *(zeigt umher)* Das ist ein altes Kino. Aus Zeiten des Stummfilms.

Mr. Monroe: *(weist auf die Orgel)* Probier sie aus.

Christian: *(steigt auf die Empore)* Ich weiß nicht, was ich drauf spielen soll.

Mr. Monroe: Die amerikanische Nationalhymne natürlich. *(singt los)*

Christian: Bach.

Mr. Monroe: Kulturschock, das ist es. Man muss sich um ihn kümmern. He'll come over tonight, we'll have some good German beer, we'll listen to some good German music, ›Ave Maria‹ oder *(radebrechend)* ›Freude schöner Götterfunken‹, das wird ihn trösten, dann findet er sich wieder zurecht, unter all den stupid Americans in Gas City, USA.

Christian: *(kotzt in die Ecke)*

Mr. Monroe: *(lacht)*

7

Musik. Aerosmith.

Eric: *(spielt auf einer imaginären Gitarre)* Immerhin habe ich mein Zimmer an dich abtreten müssen.

Christian: *(liegt auf Erics Bett)* Wer hat das verlangt?

Eric: Mom war der Meinung, es sei das bessere Zimmer für dich.

Christian: Warum?

Eric: Es ist größer.

Marc: *(pfeift von draußen)*

Eric: *(steigt aus dem Fenster, hinaus auf die Garage)*

Christian verlässt den Raum, geht hinüber in das Zimmer, das Eric ihm abgetreten hat.

CHRISTIAN: *(legt die Beine hoch gegen die Wand, masturbiert in dieser Stellung)* Mit dem Mund komme ich nicht dran.

BEVERLEE: *(im Nebenzimmer, hustet)*

CHRISTIAN: Abends hustet sie, aber noch viel schlimmer morgens. Jetzt ist sie erkältet, deshalb raucht sie Menthol-Zigaretten. Ich habe filterlose Camel gekauft und damit Punkte bei Eric gemacht. Ich hätte mehr Punkte gemacht, wenn ich sie geklaut hätte. ›Hast du sie geklaut?‹, fragt er. ›Nein‹, sage ich. Filterlose Zigaretten sind starke Zigaretten. Das beeindruckt ihn.

SCHATTEN: Schmecken sie dir?

CHRISTIAN: Es geht. *(kommt)*

8

ERIC: *(steigt aus einem Straßengulli)*

Christian träumt.

CHRISTIAN: *(beschäftigt, Briefmarken auf Umschläge zu kleben)* Die wesentliche Frage ist aber, wie hoch wir hier über dem Meeresspiegel sind.

ERIC: Ich könnte dir einen rechten Haken versetzen. *(zeigt, wie)*

CHRISTIAN: Die klassische Antwort: so hoch wir uns fühlen.

Am Himmel eine Leuchtschrift: »Stupidity«.

9

Keller bei den Benedicts, Waffenwerkstatt.

JEREMY: *(Couch mit Decken)* Ich ziehe aus, heirate, verdiene Geld.

CHRISTIAN: Ich bring deinem Bruder Marc die deutsche Grammatik bei. Das ist auch kein Honigschlecken.

JEREMY: Kapiert er was?

CHRISTIAN: Dein Vater zwingt ihn dazu, Patronen herzustellen. Die deutsche Grammatik findet er unwichtig. Ich finde es nicht nur unwichtig, den Sohn Patronenkugeln herstellen zu lassen, ich finde es sogar gefährlich.

JEREMY: Was ist daran gefährlich?

CHRISTIAN: *(schweigt)*

JEREMY: Siehst du, du hast keine Ahnung.

ERIC: *(lacht)*

CHRISTIAN: Er kapiert die deutsche Grammatik nicht, weil er auch die englische Grammatik nicht kapiert.

JEREMY: Hat unsere Sprache eine Grammatik?

CHRISTIAN: Dir sieht man die Dummheit wenigstens nicht an.

JEREMY: *(wälzt sich)* Ein Kind zu zeugen, war wohl ein Fehler.

CHRISTIAN: *(eifrig)* Ja.

JEREMY: *(hat ihn gelinkt)* Aber darüber mache ich mir Gedanken, wenn es mit Händen zu greifen ist.

Mr. Benedict mit einem Gewehr.

MR. BENEDICT: Ah, der verrückte Deutsche. Vielleicht dreh ich ihm heut die Gurgel um. Ich höre, du willst mich sprechen. Ich höre, du willst mir erklären, wie ich meine Söhne zu erziehen habe? Da bin ich aber sehr gespannt.

CHRISTIAN: Ich meine …

MR. BENEDICT: *(mit dem Auge zwinkernd)* Das meine ich aber auch! Und damit du ein für allemal weißt, mit wem du es zu tun hast … *(nimmt sein Glasauge heraus, dann sein Gebiss, steckt das Glasauge zwischen die Zähne)* I can bite my eye! Who else can do this?

MRS. BENEDICT: Der Familienrat muss zusammenkommen. Rebecca hat Erdbeeren aus der Kammer genommen.

Mr. Benedict: Sie wird wünschen, sie hätt's nicht getan.
Christian: *(flieht)*
Eric: *(ihm nachrufend)* Du weißt ja alles besser.

10

Joe: *(verrammelt die Fenster, dichtet die Ritzen ab)* Es wird Winter.
Christian: *(schreibt)*
Eric: *(böse)* You write as much as I eat.
TV: Spare ribs, spare ribs.
Beverlee: *(raucht)*

11

Christian: *(am Tisch, mit einem Buch)* Man könnte meinen, derartige Lektüre sei zu schwer für mich. Das ist sicher richtig. Mir fehlt die Erfahrung, die es braucht, einen Text zu verstehen, den ein verbitterter Sechzigjähriger geschrieben hat. Ich habe Nachsicht mit mir. Ich achte die Bemühung. Ich distanziere mich durch den Akt der überfordernden Lektüre von meiner peer group, der Gruppe der Gleichaltrigen. Wo wird das noch hinführen? *(hebt seinen Arm, um nach dem Füllfederhalter zu greifen, hält inne, wiederholt die Bewegung)* So hebt mein Vater seinen Arm, wenn er am Schreibtisch sitzt und nach dem Lexikon greift. *(erschrickt)* Genau so …

Der Körper seines Vaters kommt über ihn.

Christian: Rasch, aus dem Haus!

12

Matthew Garlatti: *(rast mit seinem TransAm gegen einen Baum)*

Stille.

Matthew Garlatti: *(zwängt sich aus dem demolierten Auto)* Ich könnte mir denken, dieser deutsche Austauschschüler hat seine Finger im Spiel. Er spricht besser englisch als wir. He can express himself. Das erklärt sich daraus, dass er ein besonderes Verhältnis zu Satan unterhält. *(außer Atem, weil übergewichtig)* Ich lasse mir das nicht ausreden.
Darla: Matthew, what's happening …
Matthew Garlatti: Er steht mit Satan im Bunde.
Tom: Hey, man! Did you smoke somethin'?
Matthew Garlatti: *(blutet aus der Nase)*
Randy: You must go to a hospital, man.
Matthew Garlatti: *(betrachtet sein blutiges T-Shirt)* Gott wird ihn richten. Ohne Zweifel!

13

Arzt: *(tastet)* So, what do you think it is? Cancer?
Christian: *(nervös)* You're supposed to tell me.
Arzt: It's okay. *(zu Beverlee)* He's lonesome.
Christian: *(erleichtert)*
Beverlee: *(im Auto)* I feel bad.
Christian: *(ohne Gefühl)*
Beverlee: Ich fahr dich zur Party.

14

Eric: *(verheißungsvoll)* Midnight, you guys.

Tür zur Terrasse knallt zu.

TERESA: *(erschrocken)* Oh, God!
SANDY: Oh, no! *(birgt ihren Kopf unter einer Decke)*
CHRISTIAN: Das war der heilige Geist. *(lacht meckernd)*
ERIC: *(mutig)* What was it!

Unheimlicher Moment.

TERESA: Lock the doors. Oh, God …
ERIC: *(schließt die Tür zur Terrasse ab)*
CHRISTIAN: *(ausgelassen)* Der heilige Geist, bestimmt. Irgendwann einmal musste es ja geschehen, irgendwann musste er erneut auf die Erde niederkommen.
ERIC: Shut up, man! Jesus Christ …
CHRISTIAN: Wenn es nicht Satan war! Aber das ist ja vielleicht ohnehin ein und dasselbe.
SANDY: I wanna go home. *(weint)*

Nachhauseweg.

ERIC: *(sehr ernst)* Du hättest Chancen bei Teresa. Was für Blicke sie dir zugeworfen hat!
CHRISTIAN: Ja, wirklich!
ERIC: *(eindringlich)* Ich würd nicht lang überlegen.
CHRISTIAN: *(undurchsichtig)* Ich auch nicht.
ERIC: Rhonda hält dich nur hin. Da haben schon andere auf Granit gebissen.
CHRISTIAN: Rhonda … Ich bin verliebt in Ruth.
ERIC: *(eifrig)* Ruth trägt einen Ring, sie geht mit Bob Anderson.
CHRISTIAN: *(schnalzt mit der Zunge)* Das habe ich nicht gewusst. Wie sieht's mit Alexa aus?
ERIC: Die wird nie mit einem gottlosen Deutschen ausgehen. Das gibt nur Streit, sagt sie.
CHRISTIAN: Mit einem gottlosen Deutschen. *(lacht in die stille*

Nacht) Aber Nancy! Sie hätte es nicht gern, wenn ich Teresa küssen würde …

ERIC: *(ablehnend)* Nancy ist eine Schlampe. Sie hat mit Cindie gewettet: Wer von ihnen dich zuerst rumkriegt, bekommt von der anderen eine Jahresration Tampons.

CHRISTIAN: Junge, Junge … Jean! What about her?

ERIC: Da musst du Geld in der Tasche haben. Außerdem vergöttert sie ihren Vater.

CHRISTIAN: Ich sehe schon, Teresa wär's!

ERIC: *(neidisch)* She's got big breasts.

Stille.

CHRISTIAN: Aber ich mag sie nicht.

ERIC: *(seufzt)*

15

Konzert.

CHRISTIAN: *(kommt von der Bühne hinter die Kulissen)*

RHONDA: *(mit der Geige)* Du hast dich verspielt.

CHRISTIAN: Warum bist du so? *(heiß)* Du bist doch eigentlich anders.

RHONDA: Das werden wir sehen. *(geht auf die Bühne)*

MR. MONROE: Halt dich nicht mit ihr auf.

Rhonda spielt, den Blick fest auf Christian geheftet, der in den Kulissen steht.

CHRISTIAN: In irgendwen muss ich verliebt sein, sonst erstarrt alles.

16

Weihnachten.

Eric: *(trifft die Billard-Kugel schlecht)* Shit.
Christian: *(trifft sie auch schlecht)* Jetzt singen sie.
Eric: *(zu ein paar Älteren)* You wanna play some? *(raucht)*
Christian: *(raucht)*

17

Christian: Ein Schriftsteller ist gut, wenn er alles hinter sich zurücklässt. Er muss kalt sein, haarsträubend verwegen. *(zittert)* Das bin ich nicht. Ich komme auf den Boden der Tatsachen, hier, in der Fremde. Die Tatsache ist: Ich bin eine Zangengeburt. Das Wesen meiner Existenz: Festsitzen. Niemals, niemals – hörst du? – niemals werde ich aus eigener Kraft freikommen … *(Hals eng)* Du könntest mich befreien, wenigstens für den Moment. Du könntest meinen Schwanz in den Mund nehmen … Lass mich mein Becken bewegen, wie ich's will. In kleinen Schritten geht es voran! Ich muss etwas riskieren. Ein Schriftsteller hat ja nicht höflich zu sein. Aber ich zaudere. I'm a coward! Die Hand auf den Rücken gebunden, die Schreibhand! Wieviel Jahre habe ich vor mir? Was ist, wenn ich, sagen wir, dreiunddreißig bin? Du könntest dich auf mich setzen. Nein, warte, es ist doch … *(stockt)* Ich muss mich konzentrieren. *(lacht böse)* Jeden Moment meines Lebens. Ein Schriftsteller ist in jedem Moment seines Lebens vollständig anwesend, ein Kämpfer, verstehst du? Selbst, wenn er kommt … Ich kümmere mich nicht um dich. You don't even interest me. Du interessierst mich nur, insofern ich dich in einen Satz verwandeln kann. Ich liebe dein grünes Kleid! Rhonda, babe …

Christian trägt ein beschriebenes Blatt Papier vorsichtig zur Kommode, verstaut es.

18

Jahreswechsel. Kids ziehen die Glockenseile.

Gemeindemitglied: *(öffentliche Fürbitte)* Möge Gott uns vor den Kommunisten bewahren.
Pfarrer: God bless America.
Mike: *(zieht das Glockenseil)* And my cousin in South Carolina, too.

Glocken läuten.

Christian: In Deutschland ist das neue Jahr schon fast herum.

19

Christian: *(am Telefon)* Was ist los?
Mutter: *(ein paar tausend Kilometer weiter am Telefon, weint)*
Christian: *(schweigt)*
Mutter: Du darfst nicht so ernst nehmen, was ich geschrieben habe.
Christian: *(schweigt)*
Mutter: Ich habe dir einen Brief geschrieben.
Christian: Gut.
Mutter: Wie geht's dir denn?
Christian: Gut.
Mutter: Was erlebst du?
Christian: Ich spiele Theater.
Mutter: *(weint)*
Christian: In der Schule.

Mutter: Es ist alles in Ordnung. Denk nicht …
Christian: *(schweigt)*
Mutter: Wir müssen jetzt aufhören.
Christian: Ja. *(legt auf)*
Beverlee: Was ist los?
Christian: Irgendetwas ist nicht in Ordnung. Meine Mutter hat geweint, aber sie hat mir nicht gesagt, was los ist.
Beverlee: Was denkst du?
Christian: Ich habe keine Vorstellung. Ich habe Angst, sie könnte Krebs haben.
Beverlee: *(nimmt ihn in die Arme)* Du bist hier nicht glücklich.
Christian: *(schweigt)*
Beverlee: Du musst dieses Land nicht lieben. Aber öffnen musst du dich.

Spaziergang.

Christian: Der Regen gefriert, ehe er auf dem Boden ankommt.
Auto: *(rutscht die Straße hinab, dreht sich, kommt knapp vor einem Baum zum Stehen)*
Christian: Mein Körper bricht auseinander.

20

Christian: *(legt einen Brief beiseite, schließt die Augen)*
Beverlee: *(steht im Türrahmen)*
Christian: My parents are probably going to be divorced.
Beverlee: Oh, son …
Christian: Ich finde es gut so. Das hat sich angedeutet. Es klärt die Verhältnisse. Meine Eltern haben sich schon lange nichts mehr zu sagen. Wir alle leiden nur darunter. Ich leide darunter. Ich bin der Jüngste von vier Geschwistern, der, der übriggeblieben ist. Du kannst dir vorstellen, was

das bedeutet. Ich kriege es hautnah mit. Das Schweigen beim Mittagstisch. Ich bin froh. Ich komme zurück in eine zerrüttete Familie. Aber das gibt mir Freiheiten. So sehe ich das.

BEVERLEE: Oh, son …

CHRISTIAN: You don't believe me.

BEVERLEE: *(nimmt das Buch in die Hand, das neben ihm liegt)* Was liest du?

CHRISTIAN: Schopenhauer.

BEVERLEE: Was sagt er?

CHRISTIAN: Er sagt, dass niemand die Vorstellung des Todes erträgt. Darum zum Beispiel will man berühmt werden.

BEVERLEE: *(legt das Buch weg)* Es ist für Eric ein Problem, dass du hier bist.

21

CHRISTIAN: *(zitternd)* Ich werde nie nach Hause kommen. Ich werde sterben, ehe es so weit ist. Ich bin jetzt 149 Tage hier. Wann kommt der Frühling? *(reißt die Fensterverdichtung heraus, die Scheibe zersplittert)*

JOE: *(beseitigt den Schaden, ernst)* Das Leben hier ist anders.

22

Heller Tag.

CHRISTIAN: *(geduldig, zum police-officer)* Sam Fowler, er hat mich zusammengeschlagen. Er hat mich beim Ausgang von building six abgepasst, er hat mich hinter die Turnhalle geschleift und mich zusammengeschlagen. Sie sehen die Würgemale am Hals, ich habe mir den Arm gebrochen.

OFFICER: Als du von der Mauer gesprungen bist!

CHRISTIAN: *(missmutig)* Ja. Auf der Flucht.
OFFICER: Warum hat Sam Fowler dich zusammengeschlagen? Wenn er es war …
CHRISTIAN: Können Sie einen Arzt holen!

Pause.

CHRISTIAN: Wahrscheinlich hat ihn geärgert, dass ich beim Fußballspiel Torschützenkönig geworden bin.
OFFICER: *(langsam)* So you're a smart guy.
CHRISTIAN: Ich finde das sehr unfair. *(ärgerlich)* Ich bin hier doch bei jeder Sportart im Hintertreffen. Basketball, Baseball, American Football, das sind die Nationalsportarten, und ich bin, obwohl ich nicht grundsätzlich unsportlich bin, bei jeder dieser Sportarten schlechter als der schlechteste unter den einheimischen Mitschülern. Da bin ich einmal, *einmal* on top …
OFFICER: Hat es vorher schon Streit gegeben?
CHRISTIAN: Ich habe mich negativ über das amerikanische Schulsystem geäußert.
OFFICER: *(schweigt)*
CHRISTIAN: Ich habe gesagt, Gott kannst du in der Pfeife rauchen.
OFFICER: *(schweigt)*
CHRISTIAN: Ich habe gesagt, die Toten aus Vietnam werden wiederkommen. Sie werden nachts in den Korridoren der Schule sitzen und die Luft verpesten. GIs und vietnamesische Zivilisten. Sie werden vor den Klassenzimmern sitzen, heulen und mit Fleischfetzen um sich werfen. So ungefähr habe ich das gesagt. Und dass ich meine, ein Mann wie Jimmy Carter müsse Präsident werden, wenn schon. Sam Fowler kannte den Mann nicht. Ich habe gesagt, das ist das Ergebnis des amerikanischen Schulsystems. Hier weiß niemand was …
OFFICER: Okay.
CHRISTIAN: Was, okay?

Officer: Wir haben deine Gastfamilie angerufen, sie kommen und holen dich ab.
Christian: Und Sam Fowler?
Officer: Du kannst gehen.
Beverlee: Hi, son.
Christian: Hi, Bev.

In der Provinz sind alle Amerikaner Rassisten.

23

Hotel-room, Chicago.

Eric: *(Hand in der Hose des Mädchens)* I was waiting the whole fucking week for this. Get some chick up in the hotel-room and give her a feel.
Girl: *(zu Christian, erhitzt)* What about Mary? Don't you like her?
Christian: *(kalt, am Tisch)*
Second Girl: *(an der Tür, unruhig)* Brenda, we've got to go! Brenda …
Girl: *(zu Eric, lacht)* No.
Eric: He's a smart-ass. Never mind, Chris.
Second Girl: Brenda!
Girl: Allright. *(steht auf, zieht den Reißverschluss hoch)*

Nacht.

Eric: That fuckin' chick!
Christian: Arsehole.
Eric: *(lacht)*

24

Patricia: Meine Mutter wird an Krebs sterben, dann werde ich die Verantwortung für meinen jüngeren Bruder übernehmen müssen, in gewisser Weise auch für meinen Vater. Ich darf mich nicht fragen, was ich fühle. Ich bin dankbar, dass ich in diesem letzten Jahr High-School noch so viele schöne Dinge erleben darf. Das Zusammensein mit Mike, Lynda, dir, all den Leuten von der Theatergruppe tut mir sehr gut. Ich werde das tief in meinem Herzen bewahren. Bertha O'Dell will mich im Sommer nach New York mitnehmen, sie will mir die Reise bezahlen. Die Operationen haben Unsummen verschlungen, wir sind verschuldet. *(schaut zur Decke des Proberaums)* New York … In gewissem Sinn, you know, ist mein Leben schon vorbei.

Christian: *(schweigt)*

Patricia: Ich bin nicht sehr hübsch, aber ich bin bereit, eine gute Mutter zu sein. Es wird jemand kommen, dem das genügen wird. Ich werde arbeiten, natürlich. Aber der Job wird keine Erfüllung bringen. Es wird ein Geldjob sein. Womit kann ich rechnen? Bertha sieht meine Zukunft sehr klar. Ich vermute, sie will, dass ich noch etwas von der Welt sehe, bevor die Türen hinter mir ins Schloss fallen. Vielleicht …

Christian: Du bist verrückt.

Patricia: Vielleicht will sie auch …

Christian: Völlig verrückt!

Patricia: Vielleicht will sie auch, dass ich …

Christian: *(lässt sie links liegen, spielt Klavier)*

Patricia: Das kenne ich. *(singt)* ›Send in the Clowns …‹

Christian: *(verlässt den Proberaum)*

Miss Sandrick.

Christian: *(übermütig)* Hi, Sandrick.

Miss Sandrick: *Miss* Sandrick, Chris.

25

Christian: *(Auslage eines Schaufensters)* Der Ring würde zu ihr passen. *(überschlägt die Summe)* 18 Dollar …

Um den Block.

Ring: *(in der Auslage)* Still here.
Christian: *(kauft)*

26

Miss O'Dell: *(im Auto)* Ich bin froh, dass die Kids dich kennen gelernt haben. Es ist eine Bereicherung für sie.
Christian: *(böse)* ›Someone from another part of the world.‹
Miss O'Dell: *(sagt nichts)*
Christian: Ich werde das Land bald wieder verlassen. Wir werden uns wahrscheinlich nie wiedersehen.
Miss O'Dell: *(schaut in den Rückspiegel)*
Christian: Du bist meine Lehrerin, du unterrichtest mich in Dramatischer Literatur und Theater. Du bist 37 Jahre alt, ich keine 17. *(entschließt sich)* Ich bin verliebt in dich.
Miss O'Dell: *(einfach)* Ich weiß.
Christian: Ich würde hier bleiben, wenn du es willst.
Miss O'Dell: *(heiter)* Das meinst du nicht.
Christian: Woher weißt du das?
Miss O'Dell: Du stehst am Anfang.

West 4th Street.

Miss O'Dell: Du warst einsam. Du hast Menschen vermisst, mit denen du dich hättest austauschen können. Ich repräsentiere für dich die Kultur Europas. Wie Mr. Monroe auch.
Christian: *(sagt nichts)*

Miss O'Dell: Das ist alles.
Christian: Das ist alles.
Miss O'Dell: Ich glaube, ja.

Das Auto hält am Straßenrand.

Christian: Was ist das? *(deutet auf ein Päckchen auf dem Hintersitz)*
Miss O'Dell: Ein Hemd. Für Francis, Mikes Bruder.
Christian: Francis.
Miss O'Dell: *(langsam)* Wir werden bald heiraten.
Christian: *(verwirrt)* Du heiratest einen ehemaligen Schüler?
Miss O'Dell: Ja. *(Pause)*
Christian: Er ist vier Jahre älter als ich, das ist nicht sehr viel … *(automatenhaft)* Er hat eine sympathische Stimme, ich habe seine Stimme am Telefon gehört.

Warten.

Christian: *(nach einer Weile)* Alle lieben dich. Ich werde bald fortgehen. Ob ich jemanden liebe oder nicht, ist unerheblich.
Eric: *(geht am Auto vorbei)*
Miss O'Dell: Wenn etwas ist, melde dich.
Christian: *(steigt aus)* Du bist schön.

Christian schmeißt die Autotür zu.

Christian: Hier ist jeder gegen vorehelichen Geschlechtsverkehr. Auch Bertha O'Dell. ›Why!‹, sage ich. ›Why!‹ Sie sagt: ›Das ist meine Sache. Jeder soll es halten, wie er will …‹ All this shit about God! Ich bin für vorehelichen Geschlechtsverkehr. Sehr dringend sogar. Aber ich ahne: hier werde ich nicht dazu kommen, zu meinem ersten vorehelichen Geschlechtsverkehr.

NANCY: *(kommt hinter der Mauer hervor)* Why not! I'll meet you tomorrow morning at building six.
CHRISTIAN: Mit dir wär's einfach.

Schmilzt den Ring ein.

27

Graduation Day.

ANDY EVERROAD: *(gerührt)* You're such a talent.
CHRISTIAN: *(auf den Knien)* Andy, you are the star of the school.
ANDY EVERROAD: *(auf der Bühne, singt)* Hope is a thing called America!
CHRISTIAN: *(schweißüberströmt)*

28

Stehlampenlicht.

CHRISTIAN: *(liest einen Brief)* ›Dein Vater geht schwer ran. Der Fiat stand am Waldrand, wir waren auf dem Weg zum Fußballplatz. Da hatten sie die Sitze flachgestellt, und dein Vater macht sich über die Reitmeier her, die Frau mit der bekannt attraktiven Brille. Ich dachte, ich sag es dir besser, damit du vorbereitet bist. Ich hab die Jungs vorbeigelotst. Hier ist nichts zu sehen, hab ich gesagt, und wer näher kam, hat einen vor den Hals gekriegt. Sorry, man …‹ *(faltet den Brief zusammen)* Sitz flachgestellt! Kann ich mir nicht vorstellen. *(entschieden)* Die Zukunft, ein freier Horizont. Ich bin mein eigener Herr. Was ich tu, was ich lasse, das ist meine Angelegenheit, niemand hat mir dreinzureden. *(überlegt)* Was, wenn mir gar nichts einfällt. O'Dell … *(Unterlippe zuckt)* Eine lächerliche Idee.

Burger King. Christian schwänzt die Schule.

SCHATTEN: Allgemeinbildung, das sollte die Voraussetzung sein für alles weitere.
CHRISTIAN: *(nachdenklich)* Ja.
SCHATTEN: *(abschätzend)* Das ist ein Gut in jedem Fall.
CHRISTIAN: Kein Dreck, in der Tat. *(sieht den Autos nach, die draußen vorbeifahren)* Ich habe das Gefühl, ich werde nicht älter als 33 Jahre. Dann tut sich in der Vorstellung eine Mauer auf, und es geht nicht weiter.
SCHATTEN: *(schweigt)*
CHRISTIAN: Es bleiben Geheimnisse, die ich nicht durchschaue.

29

BIER: *(in der Dose)* Ich schmecke – gut …
CHRISTIAN: Ja. *(schreibt)* An sich halten. Loslassen.

30

Wochenendhaus. Einbrechende Dunkelheit. Christian schwimmt im See.

CHRISTIAN: Wie angenehm! *(zieht sich die Badehose aus)* Oh, wie angenehm.

Motorboot zieht Kreise.

CHRISTIAN: Damn. *(bemüht sich vergeblich, die Hose wieder anzuziehen)* Ich werde untergehen. *(kommt hinter Atem)* Ich werde ertrinken, weil ich mich schäme, nackt erwischt zu werden. Das ist absurd, da muss ich lachen, während es geschieht.

SCHATTEN: Niemand sieht, ob du eine Hose trägst oder nicht.

CHRISTIAN: Die Leute im Motorboot sehen es.

SCHATTEN: Mach, was du willst.

CHRISTIAN: *(ertrinkt)*

DIE LEUTE IM MOTORBOOT: Look at this guy, he's naked.

CHRISTIAN: Hilfe! Hilfe!

DIE LEUTE IM MOTORBOOT: He is drowning. Never mind! Let's have a beer.

CHRISTIAN: Fuck off! *(hat wieder Grund unter den Füßen, zieht die Hose an, erholt sich)* Ich mach's mit Nancy, bei nächster Gelegenheit.

JOE: *(vom Haus her)* Dinner's ready.

31

ERIC: *(legt eine Karte aus)*

BONNIE: *(unfroh)* You're cheating.

ERIC: *(lacht)*

CHRISTIAN: You're an arsehole.

ERIC: *(lacht, legt eine Karte aus)*

BONNIE: Eric, quit!

CHRISTIAN: An arsehole.

ERIC: *(lacht)*

CHRISTIAN: An arsehole, that's what you are.

ERIC: *(springt plötzlich auf, brüllt)* Now you stand up. I've been waiting the whole fuckin' year for this.

CHRISTIAN: *(duckt sich)*

BEVERLEE: *(mit erhobenen Armen)* Eric! No!

Am See entlang, im Dunkeln.

CHRISTIAN: Nur ich, niemand sonst. Aber das ist zu wenig. Das ist ja klar zu sehen. *(fürchtet, den Weg verloren zu haben)* Ich werde Schauspieler. Wenn ich das Gymnasium hinter mir habe. Das lasse ich mir nicht ausreden. Allgemeinbildung … Alles wird neu beginnen. *(sieht den See zwischen den Büschen, erleichtert)* Ich werde im Wohnzimmer schlafen. Mir ist alles einerlei. Noch siebenunddreißig Tage.

32

AMERIKANER: *(jenseits des Flusses)* Wehr dich, du Sau!

PATRICK: *(11 Jahre alt)*

AMERIKANER: Zeig's ihm, Bart.

BART: *(zwölf Jahre alt)* Du Köter, wehr dich! *(schlägt auf seinen Bruder ein)*

AMERIKANER: So ist es gut! Patrick, wer ist eine kleine, ängstliche Sau …

BART: *(ermutigt)* Come on, come on!

PATRICK: *(über sich hinauswachsend, schlägt hart zu)*

BART: *(blutet)*

AMERIKANER: Aha!

BART: *(in Angst)* Das wirst du mir büßen! *(boxt den Bruder nieder)*

DREI JÜNGERE SCHWESTERN: *(schauen zu, applaudieren)* Bart ist einer, der weiß, was er will. Patrick ist ein Windei.

AMERIKANER: Eine Frau will kein Windei im Bett! Merk dir das.

CHRISTIAN: *(diesseits des Flusses, schneidet eine Melone auf)* Interessant. Was meinst du?

MIKE: I wish I could hang him by the balls.

33

Mondsichel.

MIKE: *(im Park, schaukelt auf einem niedrigen, weit ausladenden Ast)*

CHRISTIAN: Ich werde Schauspieler.

MIKE: You're a great actor. But you're a great musician, too.

CHRISTIAN: Dein Bruder Francis ist ein sehr guter Schauspieler. Alle sagen das.

MIKE: He's somethin' special, really.

CHRISTIAN: *(eifersüchtig)* Ich habe deinen Bruder Francis nie gesehen. Ich habe ihn nie spielen sehen.

Licht im Osten.

MIKE: Lynda ist ein harter Brocken. Ich krieg sie nicht rum. *(lauernd)* Du bist auch in sie verliebt.

CHRISTIAN: Ich gehe weg, du hast die besseren Karten.

Pause.

CHRISTIAN: Ich war ziemlich einsam.

MIKE: *(lacht)* Oh, no.

CHRISTIAN: Es war ein harter Winter. So kalt, wie ich nie einen erlebt habe.

MIKE: Wir gehen alle fort. Das war's mit der Schule. Wenn's klappt, werde ich Bildhauer.

CHRISTIAN: *(nickt)*

MIKE: Vielleicht klappt es nicht.

CHRISTIAN: Ich werde sogar vergessen, wie deine Stimme klingt.

MIKE: Meine Großmutter ist vor sieben Jahren gestorben, aber ich höre ihre Stimme laut und deutlich. ›You bloody bastard‹, sagt sie.

CHRISTIAN: *(brüllt in die Nacht hinaus)* You bloody bastard!

Police-car fährt vor. Scheinwerferlicht.

OFFICER: Was wird das hier?
MIKE: *(steht auf)*
OFFICER: Name.
CHRISTIAN: Ich bin ein exchange-student aus Deutschland.
OFFICER: Time to go home, you guys.

Straßen, leer. Sonne steigt über den Horizont.

MIKE: *(spöttisch)* Exchange-student…
CHRISTIAN: Dein Vater sitzt sicher noch vor dem Fernseher. Wir setzen uns dazu. Wir schauen uns einen Film an. Wir trinken Kaffee.
MIKE: Ich repariere mein Rad. Ich mähe den Rasen.
CHRISTIAN: Das könnte endlos so weitergehen.

34

JOE: *(am Airport)* Beverlee möchte sich von dir verabschieden.

Beverlee lässt sich widerwillig am Arm heranführen.

CHRISTIAN: Bye, Mom.
BEVERLEE: *(weint)*
CHRISTIAN: *(kalt)*
ERIC: *(Handschlag)* Sorry, man, for what happened last week.

Horizont.

CHRISTIAN: Jetzt hast du dein Zimmer zurück.

Devil's Eye

1

In der Kneipe unter meiner Wohnung hämmern die Bässe.
Dort stehen heute Nacht bestimmte Leute hinterm Tresen.
Wie ich weiß …
Ich kleide mich notdürftig an.
Der Türsteher öffnet. Die Musik setzt schlagartig aus.
»Die Polizeistunde ist längst vorbei«, sage ich in die Stille.
»Habe ich mich klar ausgedrückt?«
»Ist das nicht einer von den Theaterleuten?« Der Kerl hinter dem Tresen schwingt sich über die Theke. »Natürlich, doch!«
Er drängt mich in den Vorraum ab. Der Türsteher folgt.
»So? Wir sind dir zu laut?«
Plötzlich weiß ich: Ich darf mich nicht einkesseln lassen!
Ich reiße die Tür zur Straße auf.
»Da! Pass auf!« Die Faust trifft, ich schlage lang aufs Pflaster hin.
»Das wirst du bereuen!«, brülle ich, vor wilder Wut zitternd.
»Robbi! So heißt du doch? Ich kenne deinen Namen …«

2

Ich entschließe mich, die Hilfe der ›Devil's Eye‹ in Anspruch zu nehmen. Ich komme von einem Spaziergang am Meer zurück, und es steckt eine Axt in der Tür. Das ist ein Zeichen, das ich verstehe!

Ich betrete das Gelände durch ein niedriges Tor.
Hier, inmitten des verlassenen Gewerbegebiets, wohnt die Gruppe ›Devil's Eye‹. Sie steht auf der richtigen Seite, sie stellt Personenschutz gegen faschistische Bedrohung.
Zwischen zwei Kartoffelbeeten gehe ich auf die Tür des Lagerhauses zu, da höre ich hinter mir ein Geräusch. Alarmierend oder nicht, es gibt keinen Grund, souveräner zu tun, als ich mich fühle: ich dreh mich um. Zwischen einem Johannisbeerbusch und dem angrenzenden Zaun kriecht eine riesenhafte Schlange am Boden. »Nun, nun«, sage ich unwillkürlich und schätze die Fluchtmöglichkeiten ab.
»Nur'n Haustier«, sagt jemand hinter mir. Es ist einer von der Gruppe, der mich jetzt, den Finger krümmend, zur Lagerhalle hinüber winkt. »Unliebsame Gäste soll'n wissen, wo sie dran sind.«
Offenbar kennen sie mich, ja, vielleicht haben sie mich erwartet! Die ›Devil's Eye‹ sitzen auf niedrigen Hockern im Kreis – es fällt mir schwer, sie auseinander zu halten, alle tragen schwere Lederkleidung, die Gesichter sind bärtig. Massive Gesellen. Ich hätte Angst, wenn ich nicht wüsste, dass sie auf der richtigen Seite stehen. Neben einem – ich mutmaße, es ist der Anführer – kniet eine junge, rotblonde Frau im Sommerkleid. Sie ist ungezwungen, und ihr Gesicht verspricht Trost. Ich glaube, die ›Devil's Eye‹ sind eine Gruppe sehr trauriger Helden.
Das Ritual beginnt. Ich nehme auf dem einzigen leeren Hocker Platz. Es herrscht angespannte Stille.
»Wer ist es?«, fragt der, den ich für den Anführer halte, schließlich.
»Robbi«, sage ich.
Ein leises Raunen geht durch die Gruppe. Das ist vieldeutig, und ich bin beunruhigt. Zum Beispiel: was, wenn Robbi zur Gruppe gehört, und ich weiß nichts davon? Oder wenn sie Robbi, wegen anderer Gemeinheiten, schon lange im Visier haben? Ich bin in dieser Stadt nur vorübergehend Gast, ich will keine Straßenschlachten um meinetwillen!

»Ihr vom Theater«, der Anführer beginnt eine kleine Rede, »seid Menschen, die sich nicht sehr um andere kümmern. Glaub mir, das tut uns oft weh, denn wir geben unser Herzblut für euch. Wir sind schwerfällig, wir sind nicht sehr klug, und ihr lasst es uns spüren. Trotzdem halten wir euch die Treue. Weil ihr, wie wir, in Wahrheit Verlierer seid. Das ist es, was ihr nicht anerkennen wollt. Ihr glaubt, ihr steht im Rampenlicht, aber man spuckt auf euch. Auf uns spuckt niemand, vor uns hat man Angst.«
Ich schweige. Ich kann sehen, der Mann ringt mit sich. Ein heiliger Moment, dessen bin ich mir bewusst. »Könnt ihr mir helfen?«, frage ich.
»Robbi wird dich nicht mehr belästigen«, sagt der, den ich für den Anführer halte, rau, und verschiedene Köpfe nicken bestätigend.
Ich kann einen kleinen jubelnden Laut nicht unterdrücken. Die Frau winkt mir – ich weiß gleich, es ist nicht angemessen zu jubeln. Und tatsächlich ist mir auch sofort mild zu Mut. Ich sage leise, einfühlsam: »Wenn es nach mir geht, es soll ihm nichts geschehen. Er muss nur lernen, andere Menschen und ihr Eigentum zu achten. Ihr könnt ihm mitteilen, dass ich in einem Monat die Wohnung räume, freiwillig, dass ich ihn als meinen Nachmieter ansehe. Denn darauf ist er doch aus, oder?« Ich ende gelassen: »Es gibt keinen Grund, die Dinge zu überstürzen.« Und plötzliche Rührung, ja, Zärtlichkeit lässt mich weiter sprechen: »Zu einer anderen Zeit, unter anderen Umständen, wären wir vielleicht Freunde geworden.« Das macht Eindruck, ich merke es gleich.

3

»Wie kann ich mich bei euch bedanken?«, frage ich scheu.
»Du könntest uns etwas auf dem Klavier vorspielen«, sagt der Anführer.
Was für eine Überraschung! Der Anführer (oder der, den ich

dafür halte) zieht eine Fernbedienung aus der Tasche. In der Tiefe des Raums rollt eine Metallwand zur Seite, eine kleine Bühne mit einem alten, ach, recht schäbigen Flügel wird sichtbar. Wenn die Tasten nur keine Spuren ausgedrückter Zigaretten zeigen!

»Ein Blüthner«, sage ich anerkennend. »Was soll ich spielen?«

Ich blicke in verschämte Gesichter. Kein Zweifel, es soll Chopin sein. Ich drohe spielerisch mit dem Finger und gehe, die Hände knetend, zum Instrument. Freudig aufheulend folgt mir die Gruppe. Einer schiebt das Instrument in die Mitte der Bühne und öffnet es, einer holt mir ein Bier aus dem Kühlschrank, ein dritter zeigt mir die besondere Vorrichtung des Klavierstuhls, dessen Höhe mit Hilfe einer Hydraulik automatisch regelbar ist. Wieder einer schiebt Lackdose, Pinsel, Zeitungspapier beiseite – offenbar soll das Äußere des Flügels, das wirklich sehr heruntergekommen ist, in einen besseren Zustand versetzt werden.

Jetzt erst sehe ich, dass einer in der Gruppe ein Beinamputierter ist.

Ich habe Durst nach dem Instrument! Ich lege mich über die Tasten, als sei es der schwere Leib eines Walrosses! Der Anschlag ist weich, und die Vibration des Klangs läuft durch meine Arme zurück bis in die Brust, den Unterleib, die Beine. Es ist ein glückhafter musikalischer Moment, und ich bin dankbar, dass ich Zuhörer habe, die ihn mit mir teilen.

»So etwas habe ich ja noch nie erlebt«, rufe ich triumphierend aus, als ich den letzten Akkord des ersten Satzes der h-Moll-Sonate von Chopin gespielt habe und mich mit Verve zu meinem Publikum umwende.

Aber – ich weiß nicht, wie es zugegangen ist – die Situation im Raum ist eine ganz andere geworden. Die ›Devil's Eye‹ sind alle verschwunden, bis auf den lahmen Beinamputierten, der mich erwartungsvoll ansieht – und dort, wo zuvor die anderen gesessen haben, sitzt nunmehr, ganz allein, ein einzelner, wohlgekleideter Mann mittleren Alters. Seine rechte Hand rückt leise an der grünen Krawatte. Jetzt, da er sieht, dass ich geendigt habe, schlägt er leicht die Hände ineinander, kaum mehr als eine Andeutung, ein unterkühltes »Bravo!« erklingt, dann schiebt er ein gefaltetes Blatt Papier, das er zwischen den Fingern gedreht hat, in die Innentasche seines grauen Jacketts und erhebt sich.

»Das ist großartig«, sagt er, mit kaum wahrnehmbarer Verbeugung, »ich liebe Musik, sie ist nicht beschreibend!«

Natürlich entgeht ihm meine Irritation nicht.

»Sie waren«, erklärt er mir, »sehr vertieft in ihr Spiel. Ich bin der Anwalt der Gruppe. Sie können sich vorstellen, dass die ›Devil's Eye‹ Feinde haben. Es ist notwendig, dass ihnen eine rechtliche Vertretung zur Seite steht, jemand, der sie, wohlwollend, gegenüber der Gesellschaft vertritt, und das«, er schluckt vor verhaltenem Stolz, »bin ich. Meine Arbeit erschöpft sich aber nicht darin, rechtlichen Beistand zu leisten. Ich achte auch in anderer Hinsicht auf das Wohlergehen der Gruppe. So ist es notwendig, dafür zu sorgen, dass sie frühzeitig schlafen gehen. Die ›Devil's Eye‹ sind wie Kinder, Kinder mit Bärenkräften. Ihr ausgeprägtes Gerechtigkeitsempfinden ist ja im Grunde auch ein kindlicher Zug.« Er zwinkert mir zu. »Nur Kinder können so integer sein, nicht wahr? Nun, und Kinder brauchen Schlaf. Sie wissen das übrigens selbst, darum bedurfte es auch keiner nachdrücklichen Ermahnung, sie haben sich auf mein Zeichen hin sofort in ihre Schlafräume begeben. Sehr leise, sehr rücksichtsvoll, sie wollten Ihr Spiel nicht stören.« Er senkt die Stimme: »Ich will nicht leugnen, dass ich es sonst nicht gar so genau mit der Schlafenszeit nehme. Um ehrlich zu sein, ich habe mir Sorgen gemacht … Die ›Devil's Eye‹ sind nicht nur wie Kinder, sondern sie haben auch etwas von kranken Menschen, die ihre Grenzen nicht gut kennen – und für die es gefährlich ist, in allzu starke emotionale Erregung zu geraten. Natürlich sehnen sie sich danach, und ich kenne niemanden, der so herzensoffen und vorbehaltlos jedweder Art von Musik zu lauschen vermag wie die ›Devil's Eye‹, aber

Chopin …« Er wiegt bedenklich den Kopf und zwinkert mir wieder zu.
Der Beinamputierte, der einzige, der mir ein Garant dafür ist, dass die anderen Mitglieder der Gruppe überhaupt je in diesem Raum gewesen sind, nickt mir weiterhin erwartungsvoll zu. Ob er darauf hofft, dass ich mit dem zweiten Satz der Sonate fortfahre?
Die Frau in dem Sommerkleid kommt herein und hockt sich, zu dessen offensichtlicher Befriedigung, neben den Anwalt hin. Sie lächelt mir zu – und ich bin so konfus, dass ich gleich beginne, mir gewisse Gedanken zu machen. Ich will ihr heimlich ein Zeichen geben, etwa des Sinns, dass ich sie später gern sprechen würde, um mehr über die Verhältnisse in diesem Haus zu erfahren, aber sie scheint die plötzliche Erregung, in der ich mich befinde, gar nicht zu bemerken. Je offener ich die Hand nach ihr ausstrecke – ich tarne diese Annäherungen, indem ich vorgebe, die Worte des Anwalts mit bestätigenden Gesten kommentieren zu wollen – desto offener wird ihr Lächeln, desto klarer wird: es gibt nichts zu verbergen …
»Ich bin erstaunt«, sagt der Anwalt gerade, »dass es noch Menschen gibt, die, offenbar zu ganz privaten Zwecken, ein Werk wie die h-Moll-Sonate von Chopin einstudieren. Es ist ein Wunder, dass es noch Menschen wie mich gibt, die diese Musik *kennen*. Aber sie zu *spielen!* Das alles ist ja ganz und gar veraltet.«
»Darin stimme ich Ihnen zu«, erwidere ich, während ich bemerke, dass die Frau nun doch von meinen emsig in der Luft herumtanzenden Fingerspitzen Notiz zu nehmen beginnt.
»Aber es entstehen«, fährt der Anwalt fort, »in dieser Zeit die bizarrsten Hobbys. Das ist die andere Seite der Medaille. Während alles in ungestümer Geschwindigkeit der Zukunft zurast und die Trendwenden sich überschlagen, bleiben immer mehr Menschen, verkapselt in ihren privaten Nischen, zurück, spinnen Träume, halten, wie Sie, etwas lang Vergangenes am Leben – wer das alles gleichzeitig vor sich sähe, der

begriffe, dass die Zeit in sich ganz zerfallen ist. Das ist die eigentliche Zersplitterung, unter der wir leiden. Aber sollte man denn von Ihnen verlangen, dass Sie Ihren alten Chopin auf den Misthaufen tragen?«

Jetzt greift die Frau nach einem meiner Finger, steckt ihn zwischen die Lippen und beißt kräftig zu. Ich schreie vor Schmerz auf, aber da auch der Beinamputierte in eben diesem Moment aufschreit, wendet sich der Anwalt nach ihm um, das Intermezzo entgeht ihm.

Herr Schrath

Ich begleite Herrn Schrath auf einem schwierigen Weg die Denkmalstraße hinab. Es geht um Sozialgelder! Obwohl die Aussichten nicht rosig sind, ist er ganz mild, ja zutraulich. Möglicherweise glaubt er, dass ich ihm Glück bringe, dass ich die Verhandlungen besser führen kann als er.

Ich bezweifle das.

Wir spielen, im Gehen, ein Kinderspiel. Auf Zuruf zeigen wir einander mit den Fingern eine Zahl an. Wer die höhere zeigt, gewinnt. Natürlich wäre es gegen die Regel, immerfort eine fünf anzuzeigen. Nicht nur wäre es gegen die Regel, es würde dem Spiel jeden Sinn nehmen.

Herr Schrath ist geradezu trunken vor Freude.

Ich meinerseits achte (nebenbei) darauf, dass wir nicht über ausgestreckte Baumwurzeln oder liegengebliebene Pflastersteine stürzen.

Was dann geschieht, konnte ich nicht voraussehen.

Wir passieren ein Parkwächterhäuschen. Eben ruft Herr Schrath in Begeisterung: »Mit Eins!«, er hat nämlich durch Anzeigen einer Eins doch gewonnen, da ich ihm die blanke Faust zeigte (in der Hoffnung, er zeige die Fünf, denn Null gegen Fünf gewinnt!) – da hören wir die Stimme der Frau im Häuschen: »Haben Sie gebeichtet?«

Natürlich haben wir uns verhört. Aber wer fragt danach!

Der milde, ja zärtliche Mann an meiner Seite – ich nenne ihn insgeheim den *blonden Engel*, obwohl er längst grau geworden ist – wird jäh ein andrer. Die buschigen Augenbrauen ziehen sich zusammen. Ich ahne, er wird gleich sagen: »Was will die dumme Fotze!«

Ich selbst habe genug Unheil angerichtet, ich ertrage es nicht, andere, mir lieb Gewordene, in dieselbe Falle tappen zu sehen. Ich sage: »Lass doch!«
Ein Fehler, ich sehe es sofort.
Herr Schrath tritt zwei Schritte zurück, sagt traurig: »Ich sage mich von dir los!«, und hat ein Messer in der Hand. Die Frau ist aus dem Häuschen herausgetreten (zweifellos will sie sich strecken, nichts weiter), sie nähert sich (zweifellos will sie nach der Uhrzeit fragen). »Aha!«, ruft mein Freund und stürzt auf sie los. In der Annahme, er werde trotz allem zögern, wenn sein Angriff mich treffen könnte, springe ich dazwischen und decke die Frau mit meinem Körper ab.
Das Messer schneidet mir in die rechte Hand.
Herr Schrath heult auf, nicht, weil er mich verletzt hat, sondern weil der Drachen seines Wahnsinns über die Klippe, auf der er ihn noch, an langem Bindfaden, gegen den Wind halten und kontrollieren könnte, hinaus und dem Meer zufliegt!
Wir (die Frau und ich!) fliehen. Sie hält mir die Tür eines sehr alten VW-Käfers auf. Ich springe hinein, und es gelingt mir, die Verriegelung herunterzudrücken, bevor der außer sich geratene Mann (den ich doch gut kenne!) herangestürmt ist. Sein schwerer, auch im Wahn nicht gelenkerer Körper knallt gegen die Tür. Und wird dort einen Schaden in der Karosserie zurücklassen …
Möglich, dass ich in Ohnmacht gefallen bin.
Als ich so recht zu Sinnen komme, scheint mir, die Schnauze des VW zeigt in die entgegengesetzte Richtung. (Ich wüsste nicht zu sagen, woran ich das erkenne.) Es ist sehr still, das Auto eingeschneit, der Scheibenwischer geht, lautlos. Ich sitze auf dem Beifahrersitz. Es ist niemand da.
Was immer dir begegnet, denke ich, es ist der Spiegel deiner selbst.
Die Hand blutet.
Herr Schrath hat an diesem Tag, an dem der Winter einbrach, eine Invalidenrente erwirkt.

Das Rote Ruderboot

Kurzdrama

MANU, *Schauspieler, 34 Jahre alt, verliebt in Helena, mit allen anderen verkracht*
HELENA, *Schauspielerin, 32 Jahre alt, in ManU verliebt*
ANTON, *Schauspieler, 28 Jahre alt, an einer sexuellen Beziehung zu Tschaikowsky interessiert*
HERBERT, *Regisseur, 50 Jahre alt, inszeniert das Stück, dessen Premiere zu platzen droht*
TSCHAIKOWSKY, *Theatermusiker, 37 Jahre alt, verliebt in Helena*
FRANZ-JOSEPH, *Intendant, 37 Jahre alt, bewirbt sich woanders*
KRITIKER, *ungefähr 50 Jahre alt, macht Theaterpolitik*
VATER, *mit Hegelmaske*
POLIZIST
ESKIMO
DIE NACHBARN, *als Stimmen aus dem Lautsprecher, verzerrt*

Erste Szene

Die Terrasse eines kleinen Theaters, im Hintergrund das Foyer. Vorne ein Fluss. Anlegestelle. Ein rotes Ruderboot. Nacht, Vollmond. Ein leise spielendes Radio.

RADIO: -kusen hat sich damit erst einmal von den Abstiegsplätzen absetzen können. *(Musik setzt ein.)*
ANTON: *(stürzt ins Foyer, zum Radio)* Mist, verpasst! *(liest einen Zettel, der auf dem Tisch liegt)* ›Glaub's mir oder nicht, ich

bin verliebt in deine raue Haut.‹ Aha? Ich erfahre doch sonst alles als erster!

Tschaikowsky: *(tritt hinzu)* ManUs Schrift.

Anton: Ausgerechnet.

Tschaikowsky: *(schließt das elektronische Klavier an)* Herbert packt.

Anton: Ja.

Tschaikowsky: *(spielt)* Was wird aus der Premiere?

Anton: Die Premiere wird wegen Krankheit verschoben.

Tschaikowsky: *(improvisiert Akkorde, sucht eine passende Melodie)* Krankheit verscho-o-oben …

Anton: Ich bin bereit, vor der ganzen Belegschaft zu sagen, was ich davon halte, und werde das auch tun. Aber das interessiert Herbert sowieso nicht. Wenn ihn irgendetwas nicht interessiert, dann ist es die Meinung eines anderen. *(Pause)* ManU dagegen, ManU *tut* so, als interessiere ihn die Meinung der anderen nicht, aber sie interessiert ihn. Was meinst du?

Tschaikowsky: *(singt)* Was mei-ei-einst du …

Anton: *(sucht Annäherung)*

Tschaikowsky: *(ablehnend)* Ich wart auf 'ne Frau.

Anton: Ja, schon lange.

Tschaikowsky: Ich hatte eine Frau, ich habe alles für sie getan. Ich habe ihr die Wünsche von den Augen abgelesen.

Anton: Sie hat dich benutzt, ausgenommen und weggeworfen.

Tschaikowsky: Möglich.

Anton: *(empört)* Möglich … Ich hab ja nichts dagegen, sich benutzen, ausnehmen und wegwerfen zu lassen, aber du solltest dir nichts vormachen.

Tschaikowsky: *(abschließend)* So habe ich mehr Zeit für die Kunst.

Auftritt Herbert mit Koffer.

Herbert: *(scharf)* Ja.

ANTON: Komm, rauchen.
HERBERT: *(genauso)* Ja.
ANTON: Wo ist der Intendant?
HERBERT: Der Intendant hat drei Beine, das dritte schlingt er sich grad um den Hals.
ANTON: Du solltest in dieser Situation nicht alte Rechnungen begleichen wollen.
HERBERT: Ich habe alle Gespräche, die im Büro geführt worden sind, mitgeschnitten, es gibt keine Möglichkeit, sich herauszureden.
ANTON: Paranoiker.
HERBERT: Ich weiß nicht, wie oft man mich für verrückt erklärt hat, weil ich ein Gespräch anders in Erinnerung hatte als die Gegenpartei.
ANTON: Und? Was steckt dahinter? Ist es die kriminelle Energie der anderen?
HERBERT: Ich muss es annehmen.
ANTON: Wenn du nicht an dir selbst zweifeln willst.
HERBERT: *(schnaubt)*

Sie rauchen.
ManU läuft quer durchs Foyer.

MANU: *(missbilligend)* Wonach riecht es hier? *(geht ab)* Ich will nichts gesagt haben.

Sie rauchen unbeirrt weiter.

MANU: *(taucht wieder auf, durchquert das Foyer in die andere Richtung)* Wird so das künstlerische Potential geweckt?
ANTON: Moralapostel können wir hier nicht brauchen.
MANU: *(geht ab)* Dilettanten auch nicht.

Pause.
Anton schmeißt plötzlich eine Kaffeekanne an die Wand.

Anton: *(brüllt)* Ja! ... Ja!! ... Und noch mal: Ja!!

Herbert: *(lacht)* Der ManU, der ist sehr begabt, aber er wird sich schon den Ast absägen, auf dem er sitzt. Der kann ... *(lacht hysterisch)* der kann ja nicht einen Moment genügsam in der Nase bohren ... der liebe Gott macht ihm Beine ...

Anton: *(leicht narkotisiert)* Der liebe Gott?

Herbert: *(ebenfalls)* Oder der ... der Dings ... der, wie heißt er noch, der ... nicht der Freud ... der andere, der ... na, sag schon ...

Anton: Der ... der ...

Herbert: Ja, den ... den meine ich ... na, zum Kuckuck ...

Anton: Der ... hat auch so'n Namen ... na, ich komm gleich drauf ...

Tschaikowsky: Freud.

Anton: Nein, der eben nicht!

Tschaikowsky: *(gleichzeitig mit Anton)* Ach ja, der nicht!

Stille.

Anton: Der Intendant geht ja auch zum Psychoanalytiker.

Herbert: Ach so?

Anton: Morgens in der Früh. Danach schaut er den Rest des Tages zum Himmel hinauf, ob sein Vater auf einer Wolke vorbeifliegt und ihm zuwinkt.

Tschaikowsky: Väter sind 'ne wichtige Angelegenheit.

Herbert: *(hell)* Das ist vollendeter Humor.

Anton: Ja!

Franz-Joseph, der Intendant, tritt auf. Herbert bleibt auffällig spröde.

Franz-Joseph: Habt ihr nichts gehört? Ich bin sicher, der schleicht hier wieder rum!

Anton: Wer?

Franz-Joseph: Der Kri-ti-ker! *(zu Herbert)* Mit dir rede ich nicht. *(an die anderen gerichtet)* Er hat was läuten hören, der Schreiberling! Der will mich an den Eiern packen, der will mir die Karriere vermiesen. *(bedeutsam)* Ich höre, es gibt undichte Stellen. *(tritt näher)* Außerdem glaubt er, er findet hier belastendes Material. Hinweise. Tapetenreste. Immer dasselbe. Na und? Wäre denn was dagegen einzuwenden, wenn so ein Techniker mir die Wohnung tapeziert? Oder die Geräte in der Küche anschließt? Für eine kleine finanzielle Entschädigung? Die juristische Moderne bildet sich ein, sie könnte urmenschliche Verhaltensweisen eliminieren, indem sie den Begriff der Korruption erfindet. Eine Hand wäscht die andere, sag ich, und ein Wolfsrudel braucht Führung. Lasst euch das gesagt sein. *(zu Herbert)* Du dir auch. *(entfernt sich)* Aber das ist ja alles kein Grund für schlechte Laune! Wir feiern noch meinen Vierzigsten zusammen. *(stößt wie unbeabsichtigt Herberts Koffer um, während er abgeht)*

HERBERT: *(plötzlich lachend)* Du mich auch.

ANTON: Ein Schimmel und ein Rappe …

TSCHAIKOWSKY: *(ungewohnt rüde im Ausdruck, offenbar Franz-Joseph zitierend)* Ich fick sie, die Helena. Dann gibt die Ruhe und macht, was ich sage.

ANTON: Wenn ManU hier je was zu sagen kriegt, geht's uns nicht besser.

Sexuelle Geräusche aus der oberen Etage.

ANTON: Klingt nach Oralsex.

TSCHAIKOWSKY: *(verärgert)* Kann hier niemand den anderen leben lassen, wie er will?

HERBERT: Schon. Wenn er's leise tut.

ANTON: *(offenbar Herbert zitierend)* Ficken ist kein Thema.

ManU geht quer durchs Foyer.

MANU: *(schnüffelnd)* Hier riecht es, als sei der künstlerische Leiter dieses Theaters soeben anwesend gewesen. Trifft das zu?

HERBERT: Ich glaube, du siehst dich besser nach einer anderen Arbeitstätte um.

MANU: Das tu ich täglich.

ANTON: Und? Wirst du fündig?

MANU: Kluge Menschen sind nirgends gefragt. *(ab)*

HERBERT: Er legt's drauf an.

Helena, folgt ManU durchs Foyer.

ANTON: He!

HELENA: Keine Zeit.

ANTON: Helena, erklär uns den Mann!

HELENA: Ja, sicher, das mache ich gern. *(ab)*

TSCHAIKOWSKY: *(verhalten verliebt)* Mache ich ge-e-ern …

ANTON: *(über ManU, zwischen den Zähnen)* Ein Schwulenhasser obendrein.

TSCHAIKOWSKY: Ge-e-ern …

ANTON: Jetzt halt doch mal die Klappe! Musst du denn jeden Satz vertonen!

TSCHAIKOWSKY: *(wiederholt die Melodie)* Ge-e-ern … Interessant! Die Melodien, die mir in den Sinn kommen, haben immer eine fallende Linie! *(singt)* Ge-e-ern … Das ist psychologisch sehr interessant. Wenn man solche Muster erkennt, muss man daran arbeiten.

HERBERT: Das ist geschissen und kannst du in 'ner Pfeife rauchen.

Anton und Tschaikowsky singen mit plötzlicher, unerklärlicher Verve den ›Kanonen-Song‹ aus der ›Dreigroschenoper‹.

MANU: *(taucht erneut auf, geht erneut quer durchs Foyer)* Die künstlerischen Highlights der Vergangenheit sollte man lieber ruhen lassen. Und wenn es die einzige Art ist, sich für neue Taten zu motivieren, dann hat man's schon gar zu nötig. *(ab)*

Helena: *(folgt ManU)* Plärr, plärr, plärr … *(ab)*

Franz-Joseph tritt erneut auf.

Franz-Joseph: Unauffindbar. Wenn er sich nicht in der Wäschetruhe versteckt hat … Frieden! Aha, ihr raucht. Gebt mal. Gutes Kraut? Wie teuer? Wo hast du's her? Wenn das der Kri-ti-ker sähe! Aber da würd er keine Schweinestory draus machen, der kokst. Soviel hat er schon begriffen: Wer im Glashaus sitzt … Aber vielleicht denkt er, wir wüssten nichts über ihn. Wir wissen, mein Herr, wir wissen. Da wird sich noch mancher wundern. Es ist immer gut, Informationen in der Hinterhand zu haben. Natürlich ruht auch der Feind nicht. Der Feind ist naturgemäß ein Nicht-Ruher. *(zu Herbert)* So, hast du deinen Koffer gepackt. *(plötzlich um Ausgleich bemüht)* Ich kann nicht verstehen, was in dich fährt. Du bist einfach zu sensibel. Ich hab gesagt: ›Das ist ein schönes Bild, in der dritten Szene.‹ Und du? Du sagst: ›Dem Intendanten gefällt das Bild, bitte zehn Minuten stehen lassen!‹ Da könnte ich, wenn ich so dünnhäutig wäre wie du, wohl auch eingeschnappt sein, das musst du zugeben. Ich verstehe was von Führung, das ist das Erbe meines Vaters, und du bist, wenn ich dir das mal sagen darf, einfach nicht teamfähig.

Anton: *(stöhnt)*

Franz-Joseph: Gut, ich habe gesagt, was ich dazu sagen kann. Schließlich gibt's Verträge.

Herbert: *(geht ab)*

Franz-Joseph: Komm, dreh noch einen. Ich bezahl auch.

Anton: Das sagst du immer.

Franz-Joseph: Du hast mir viel zu verdanken.

Anton: Gut, dass du mich daran erinnerst.

Franz-Joseph: Kein anderer Intendant hätte dich ohne Ausbildung so weit kommen lassen.

ANTON: Das glaub ich auch.

FRANZ-JOSEPH: *(schiebt Tschaikowsky vom Klavier weg)*

ANTON: *(ab)*

FRANZ-JOSEPH: *(spielt Bach, Wohltemperiertes Klavier 1, Präludium C-Dur; fehlerlos, aber zögernd, ungeübt)* Hätte man für alles Zeit im Leben … Na, die Finger tun's noch! Was meinst du?

TSCHAIKOWSKY: Es könnte etwas rascher sein.

FRANZ-JOSEPH: Du siehst das rein vom musikalischen Standpunkt. Ich habe dazu eher eine spirituelle Haltung. Dass ich jetzt hier sitze und mich plötzlich an dieses Stück erinnere und dass ich noch jede Note weiß, obwohl ich ja nie übe, das hat etwas zu bedeuten.

TSCHAIKOWSKY: Und was?

FRANZ-JOSEPH: Dass ich die Bindung an die Vergangenheit nicht verloren habe.

TSCHAIKOWSKY: *(ab)*

FRANZ-JOSEPH: *(ohne zu bemerken, dass er allein ist)* Dass ich nicht abhebe, nur weil ich jetzt leitende Positionen einnehme. Dieses Stück, so simpel es ist, ist der Garant für seelisches Gleichgewicht, verstehst du? Ich behalte den Kontakt zur Kindheit. Das ist für einen Künstler außerordentlich wichtig! Ich sehe mich am Klavier sitzen. Ha! Damals hatte ich gerade das Pedal entdeckt, und natürlich nahm ich den Fuß gar nicht mehr herunter vom Pedal und donnerte die Clementi-Sonate nur so in den Nachmittag. Das klang zugegebenermaßen scheußlich, und die Klavierlehrerin schlug die Hände über dem Kopf zusammen, wenn ich es ihr in der Stunde so vorgespielt habe. Aber ich habe an diesen Nachmittagen doch auch etwas gelernt: wie es ist, wenn sich die Seele erhebt. *(weint)* Das ist sehr wichtig, finde ich. Und das hat mich ja auch auf die Bühne getrieben. Da habe ich meinen Mann gestanden, emotional gesehen, meine ich. Auch wenn ihr mich alle für unbegabt haltet, das ist mir nicht entgangen. Aber ich habe die Fackel der Kunst übernommen, und ich werde sie weitergeben. Auch wenn ich schlecht bezahlt werde dafür. *(entdeckt, dass er allein ist)* Dann kann ich's euch ja sagen. Die Zeit ist gekommen für höhere Weihen. *(holt das Mobiltelefon heraus, wählt, spricht)* Ich nehme das Angebot an. Über die finanzielle Seite werden wir uns unterhalten müssen.

Er steigt in das Ruderboot und rudert flussabwärts außer Sicht. Nach einer Weile kehrt das Boot ohne ihn, wie von Geisterhand gezogen, an seinen Platz zurück.

Zweite Szene

Selber Ort, kurz darauf. ManU allein.
ManU öffnet einen Schrank im Foyer. Im oberen Regal sitzt sein Vater in einem Pappkarton.

VATER: Haha! Ertappt! *(hält sich eine Hegel-Maske vor)*
MANU: Jetzt lass den Unsinn.
VATER: Aber wieso! Es ist schön, einen humorvollen Vater zu haben.
MANU: Was machst du denn da oben.
VATER: Ich schau, was du so treibst. Ich schau durch die Ritzen des Schranks und beobachte dich.
MANU: Das sind ja tolle Neuigkeiten.
VATER: Dein Intendant würde sich freuen, wenn ihn sein Vater beobachten würde, und wäre es nur durch die Ritzen eines Schranks.
MANU: Setz diese dumme Maske ab!
VATER: Das ist das Gesicht eines sehr bedeutenden Philosophen.
MANU: Das ist mir bekannt.
VATER: Er hat seine Studenten mit der Peitsche traktiert. Er hat hartnäckig die Entdeckung Amerikas geleugnet. Er hat sich nie gewaschen, es sei denn, der König selbst hat

ihn dazu aufgefordert. Und das kam, denk dir, alle drei, vier Jahre mal vor.

ManU: Ich will nichts hören.

Vater: Du kannst dir aber nicht immerfort die Ohren zuhalten. Und Philosophen hast du immer gern gehabt, das weiß ich doch genau!

ManU: Ich habe mich anders entschieden.

Vater: *(lacht)* Das muss aber dann lang vor meiner Zeit gewesen sein.

ManU knallt den Schrank zu. Hinter der Tür, vorher verborgen, jetzt sichtbar: Helena.

ManU: Ach, du.

Helena: Sie finden dich alle schrecklich.

ManU: Das ehrt mich.

Helena: Mich verletzt es.

ManU: Warum das?

Helena: Weil ich mit dir ins Bett gehe.

ManU: Wo ist der Zusammenhang?

Helena: Ich will keine Frau sein, die mit einem unausstehlichen Menschen ins Bett geht. Ich will keine Frau sein, die ihr Herz an einen Verrückten hängt.

ManU: Dann such dir einen anderen.

Helena: Die Menschen sind mit wenig zufrieden. Ein freundliches Wort! Sie greifen jede Gelegenheit zur Versöhnung auf. Alle wollen, dass man sie mag.

ManU: Ja, natürlich.

Helena: Warum bist du so … *(zögert)* streng!

ManU: *(schweigt)*

Helena: Ich habe gehofft, wir würden einen guten Einfluss aufeinander haben. Ich dachte, ich könnte mäßigend auf dich einwirken. Ich dachte, du könntest mich fröhlich machen.

ManU: Nichts davon geschieht.

Helena: Ich kann mich unmöglich getäuscht haben.

Tschaikowsky tritt auf.

TSCHAIKOWSKY: Störe ich?
MANU: Das ist ein öffentlicher Raum.
TSCHAIKOWSKY: Das ja.
MANU: Wenn jemand stört, dann wir. *(Helena ab)* Im Schrank sitzt mein Vater. Sollte er herauskommen, zeig ihm, wo es hinaus geht. *(ab)*

Tschaikowsky öffnet den Schrank. Drinnen findet er nur Kehrblech und Besen. Er nimmt beides heraus und beginnt, den Raum auszufegen.

TSCHAIKOWSKY: Dafür werde ich nicht bezahlt. Aber es entspricht meiner Mentalität. *(beendet sein Putzwerk)* Ich glaube nicht, dass ich bei Helena eine Chance habe. Ich könnte sie zu einem Kuss bewegen, vielleicht, aber spätestens dann würde ihr schnell klar, dass …

Tschaikowsky steigt in das Ruderboot und rudert flussabwärts außer Sicht. Nach einer Weile kehrt das Boot ohne ihn, erneut wie von Geisterhand gezogen, an seinen Platz zurück.

Dritte Szene

Anton, Herbert, ManU.
Sexuelle Geräusche aus der oberen Etage.

ANTON: Ficken ist kein Thema.
KRITIKER: *(tritt auf, mit einer Bananenschale, auf der er ausgerutscht ist)* Das ist doch keine Art, sich zu verhalten.
HERBERT: Ihrer Meinung.

Pause.

Kritiker: Sie halten dicht, wie? *(werbend)* Es ist wichtig, dass auch die Kunst einer Kontrolle unterzogen wird.

Herbert: Oh!

Kritiker: Natürlich kennen wir die Gefahren, die das birgt. Aber niemand fragt, welche Gefahren die – ich sag es einmal krass – unkontrollierte künstlerische Entfaltung narzisstisch gestörter Persönlichkeiten im bundesdeutschen Kulturbetrieb mit sich bringt. Nicht wahr? Die Theater sind leergespielt. Das zeigt sich allerorten.

Herbert: Unbestreitbar.

Kritiker: Daher bin ich der Meinung, außenstehende Kräfte müssen regulierend eingreifen.

Herbert: Und diese regulierende Kraft ist die Presse.

Kritiker: *(zögernd)* Nicht die Presse allein.

Herbert: Sagen Sie es nur! Warum nicht!

Kritiker: Es ist mein erklärtes Ziel, im Interesse der Kulturlandschaft, der Theaterlandschaft, letztlich im Interesse des Publikums und der Stadt auf die Verpflichtung geeigneter Führungspersönlichkeiten hinzuwirken. Deshalb unterstützen wir den einen, den anderen nicht, rundheraus gesagt …

ManU: *(explosiv)* Das ist eine Katastrophe. Nehmen Sie doch das Schießgewehr in die Hand.

Kritiker: Ich war im Glauben, wir sind eine vertraute Runde.

ManU: Gehen Sie ans kalte Büfett, greifen Sie zum Sekt, holen Sie sich Ihre belegten Brötchen.

Kritiker: Ich verstehe. Ich habe mich zu weit aus dem Fenster gelehnt.

ManU: Nicht weit genug.

Anton: *(lacht)*

Sexuelle Geräusche aus der oberen Etage.

Anton: Klingt nach genital, einfache Position.

Kritiker: *(horcht)* Geht das hier immer so zu?

ManU: Immer.

Kritiker: *(lacht)* Nur gut, dass die Regeln der zivilen Gesellschaft, so hoffe ich, auch hier gelten. Ich würde mich andernfalls meines Lebens nicht sicher fühlen.

Herbert: Die Regeln der zivilen Gesellschaft? Wir braten Kinder, wenn es drauf ankommt.

Pause.

Kritiker: Kunst ist ein schweres Geschäft!

ManU: *(explosiv)* Lassen Sie sich keinesfalls die Radieschen entgehen!

Helena geht quer durchs Foyer.

Helena: Zahnschmerzen. *(ab)*

Herbert: *(zum Kritiker)* Was Ihre persönliche Karriere betrifft …

Kritiker: *(lacht)*

Herbert: Ruft die Hauptstadt?

Kritiker: *(lacht herzlich, geht ab)*

Sexuelle Geräusche aus der oberen Etage.

ManU: *(nimmt den Faden auf)* Ich hab's auch bei Frauen schon erlebt, dass sie zu guter Letzt gekommen sind, wenn ich ihnen einen Finger in den Hintern geschoben habe. Das ist kein Vorrecht des Mannes. Wäre doch ein Unding, das zu behaupten.

Anton: Na klar, na klar. Das wär ja 'n Unding, das zu behaupten. Klarerweise 'n Unding –

Helena: *(tritt erneut auf)* Was ihr so wisst! Ihr habt ja keine Ahnung!

ManU: Wir stecken nicht drin, in so 'nem Frauenkörper.

Helena: So, ihr steckt nicht drin. In Ordnung … *(ab)*

Anton: Man muss immer den praktischen Sinn behalten.

Kritiker: *(kommt wieder herein)* Ich habe mich verlaufen.
Herbert: Warten Sie, ich zeige Ihnen den Weg.
Kritiker: *(abschließend in die Runde rufend)* In Ihrem Chef haben wir uns getäuscht, das ist klar.

Herbert und der Kritiker steigen in das Ruderboot, sie rudern flussabwärts außer Sicht. Das Boot kehrt nach einer Weile ohne die beiden zurück.

Anton: Aha.

Vierte Szene

Anton, ManU, Helena.

Anton: Ihr solltet die Chance nutzen, die ihr habt.
ManU: Ich halte Partnerwechsel für unumgänglich. Wenn es um die Weiterentwicklung der Persönlichkeit geht.
Anton: Du wirst immer an dieselben Grenzen stoßen.
ManU: Das werden wir sehen.
Helena: Das ist sehr verletzend für mich.
ManU: Wer leugnet das?
Anton: Sehen wir den Dingen ins Auge. Die Weiterentwicklung der Persönlichkeit ist unter Umständen eine Chimäre. Es gibt *reale* Probleme. Oder etwa nicht?

Sexuelle Geräusche aus der oberen Etage.

ManU: *(schaut zur Decke)* Ja.
Helena: *(schaut zu Boden)* Ja.
Anton: Und die wären nicht zu lösen?
ManU: Ich habe längst die Axt ans Fundament dieser Liebe gelegt.
Helena: *(ausbrechend)* Aber warum, warum!
ManU: Das weiß ich nicht.

Anton: *(zu Helena)* Möchtest du Kinder haben?

Helena: *(schweigt)*

ManU: Kontinuität ist ein Fremdwort für mich.

Helena: Das hättest du mir sagen können.

ManU: Ich suche meinen Gegner. Was dich betrifft – mit dem Sex ist es vorbei.

Helena: Das habe ich begriffen.

Anton: Ihr seid ein schönes Paar und solltet es euch überlegen. *(zu ManU)* Ich kann dich nicht ausstehen, aber ich bin ein guter Beziehungsberater.

Die Nachbarn: *(Stimmen aus dem Lautsprecher)* Nimmt das nie ein Ende da? Jetzt aber die Lichter aus. Und die Terrassentür geschlossen. Wir sind auch noch da. Wir sind die Geldgeber. Wir wollen unseren Schlaf. Und der Lärm! Den ganzen Tag, die halbe Nacht. Und hören Sie auf mit dem … mit dem …

Sexuelle Geräusche aus der oberen Etage.
Anton und ManU gehen in den Hintergrund, brüllen los, singen, trampeln, was das Zeug hält. Sie wecken die ganze Nachbarschaft.

Helena: *(derweil)* Über Sex kann man gar nicht genug schweigen. Ich äußere mich keinesfalls dazu. Ich habe von jeher ein launisches Gesicht dazu gemacht. Ich trage einen Badeanzug, wenn ich in den Fluss steige, und ich atme geräuschlos, egal, was ich tu. Wenn ich die Wahl habe, ja oder nein zu rufen, bevor's mir kommt, rufe ich: vielleicht. *(nach vorn)* Ich richte mein Wort in aller Offenheit an Sie! Sind Sie anderer Meinung? Ich stelle mich dumm an und lehne kein Hilfsmittel ab, mit dem andere Leute zur Befriedigung gelangen. Alle esoterischen Systeme warnen vor einem Übermaß an Sex. Warum wohl!

Helena steigt ins Boot, während im Hintergrund die Silhouette eines Polizisten sichtbar wird. Der Polizist verhandelt mit Anton und ManU. Helena rudert flussabwärts davon. Das Ruderboot kehrt ohne sie zurück.

Fünfte Szene

Anton und ManU, allein.

ANTON: Du kannst den Laden übernehmen. Es ist niemand mehr da.
MANU: Ich wüsste schon, was ich anders machen würde.
ANTON: Das bildest du dir ein. Du kennst die Rahmenbedingungen nicht, die Zwänge.
MANU: Darum würde ich mich nicht kümmern.
ANTON: Da wärst du rasch weg vom Fenster.

Das Haus wird lebendig (akustisch). Treppen knarren. Ein Putzeimer knallt auf den Boden. Leiser Windzug. Eine Tür schlägt zu. Das Radio geht (von selbst) an.

RADIO: -kusen hat sich damit erst einmal von den Abstiegsplätzen absetzen können.
ANTON: *(wendet sich zum Radio)*

Eine Pfeife ertönt. Etwas fällt durch den Kaminschacht usw.

ANTON: Wäre ja komisch, träfe man nicht auf all das: die Gier, die Wünsche – und in jedem die arbeitende Vergangenheit. Ist doch Quatsch zu meinen, man könne sich davon befreien.
MANU: *(verbissen)* Ich bin anderer Meinung.
ANTON: Lachhaft.

ManU geht zur Anlegestelle, steigt ein und rudert flussabwärts davon. Das Boot kehrt ohne ihn zurück.

Sechste Szene

Anton beim Ruderboot.

HAUS: *(singt)* Kein schöner Land in dieser Zeit. Kein schöner Land in dieser Zeit …

Das Haus faltet sich zusammen und schiebt sich zur Seite von der Bühne.

HAUS: *(grummelnd)* Ich mach mich aus dem Staub.

Übrig bleibt eine Eisfläche. Ein Eskimo wird sichtbar, der ein Loch in das Eis gehauen hat und fischt.

ESKIMO: *(schweigt)*

In der Tiefe der Bühne tauchen die Figuren des Stücks auf. Sie tragen Masken mit ihren eigenen Gesichtern. Sie sind barfuß und nur noch in Unterwäsche. Sie überqueren die Bühne, halten einander an den Händen, tanzen (wie auf mittelalterlichen Totentanz-Darstellungen). Nur Anton sitzt weiterhin vorne bei der Anlegestelle.

FRANZ-JOSEPH: *(zu Anton und ManU)* Ich habe alles mit angehört. Jungs! Was ihr über mich geredet habt. Das macht doch nichts! Macht nur weiter, Jungs. Es ist in Ordnung. *(zu ManU)* ManU, dein Vater ist gestorben! Das tut mir leid. Ich weiß, wie's ist. Was für ein Gefühl, dass er niemals mehr die sonnendurchfluteten Tage des Sommers sehen wird, die Vogelflüge in der Dämmerung … Aber deshalb kann ich dir trotzdem nicht ersparen, dass das Leben noch lang ist. *(lacht)* Ich bereue nicht, dich engagiert zu haben. Ich habe Sympathie für Menschen, die eine Wunde haben. Auf der Bühne erst recht. Schauspieler müssen eine tödliche Wunde haben. *(zu Tschaikowsky)*

Und du? Du musst dich einmal aufrichten und stellen. Das muss jeder Mensch, und ein Mann sowieso. *(zu Helena)* Ich will nichts gesagt haben. *(von sich selbst beeindruckt)* Ich behalte immer das letzte Wort. *(zum Kritiker)* Da ist er ja. Der Kri-ti-ker! Ach, setzen wir uns an die Bar. Wir werden uns einigen. Meine neue Wirkungsstätte ermöglicht ganz andere Arten von Verbindlichkeiten. *(jubelt)* Juchhu! Juchhu!

Der Zug tanzt ab.
Anton schickt sich an, in das Ruderboot zu steigen.

Die Nachbarn: *(Stimmen aus dem Lautsprecher)* Es ist von Vorteil, wenn der neue Intendant die Situation vor Ort kennt. Wir sind von Ihren Qualitäten überzeugt, auch wenn verschiedentlich die Rede davon war, dass Sie keine angemessene Ausbildung vorweisen können. Was ist eine Ausbildung! *(Lachen)* Kurz und gut –
Anton: Ich nehme an.

Auf dem Prüfstand

1 *Klausur*

Ich sitze vor den Aufgaben der Doktorandenklausur für höhere Mathematik. Ich habe sofort erkannt, dass ich die Formeln, die zur Lösung der komplizierten Aufgaben angewandt werden müssten, nicht im Kopf habe. Ohne diese Formeln ist *gar nichts* zu machen.

Ich bin enttäuscht (ich lege Wert darauf, ein *summa cum laude* zu erreichen), aber die Hilfe, die der Professor, ein Befürworter alternativer Lehrmethoden, mir bereitwillig anbietet, lehne ich strikt ab!

»Ich habe mich nicht vorbereitet«, sage ich scharf, »ich kenne die Formeln nicht. Ich sage das ganz offen und wünsche, respektiert zu werden.«

Innerlich zittere ich.

Ich sehe die niedergebeugten Schultern der anderen Doktoranden und verlasse erhobenen Hauptes den Hörsaal.

Auf der Straße (ich brauche Luft!) treffe ich meinen Vater, der einen schweren Koffer vor mir absetzt. »Das ist das gesamte Wissen des Abendlandes«, sagt er. Er trägt einen grauen Anzug, aber aus der Brusttasche des Jacketts schaut eine Clownsnase hervor! »Ein schwerer Koffer, aber wenn man bedenkt: nicht mehr als ein Koffer …«

Ich erzähle ihm, dass ich mangels Vorbereitung nicht in der Lage bin, die Aufgaben der Doktorandenklausur zu lösen.

»Einerlei«, sagt er, »das ist mir oft passiert.«

Nicht grad erhellend, so eine Bemerkung! Aber unvermutet hebt sich meine Stimmung. »Neue Lehrmethoden«, sage ich

spöttisch. Ich bin gelöst, ich lache. (Fast lasse ich mich dazu hinreißen, meinem Vater den Kopf zu streicheln.)
»Du bist aber ziemlich klein geworden«, sage ich zu guter Letzt zu ihm und eile zurück in den Hörsaal.
Der Professor hat in meinen Notizblättern eine offenbar falsche Potenzzahl ausgestrichen.
»Sie könnten die Formeln neu entwickeln«, sagt er.
»Dieses Ansinnen lehne ich ab«, sage ich. »Zwar wäre das möglich, und die Herleitung der Formeln würde ja eigentlich erst die wahre Durchdringung des Stoffs anzeigen, aber es widerspräche den Verabredungen, die für diese Doktorandenklausur getroffen worden sind.«
So sitze ich heiter, guter Dinge, die Zeit ab, die den anderen bleibt, ihre besseren und schlechteren Noten einzuheimsen.

2 *Nachbesprechung*

»Natürlich war das eine ziemliche Niederlage«, sagt mein Vater, als ich ihn am nächsten Tag zu Hause besuche. Er sitzt hinter seinem mit Büchern, Ordnern und beschriebenen Blättern überhäuften Schreibtisch und beißt voller Behagen in ein Wurstbrot.
Die Clownsnase hängt an der Wand.
Ich empfinde seine Bemerkung als Verrat, aber ich bin anlehnungsbedürftig – nach den Ereignissen des gestrigen Tages nicht anders zu erwarten …
»Man muss sich vorbereiten«, sagt er, »gut vorbereiten, auch wenn es um Lappalien geht. Schließlich geht es ja eben nicht um die Lappalie als solche, sondern darum, *dass* und *wie* wir sie bewältigen!« Er hebt die Hand, als wolle er andeuten, dass er mich jederzeit ohrfeigen kann. »Du weißt, was gemeint ist?«
»Natürlich«, sage ich gelangweilt.
»Zum Beispiel: deine Mutter, die ja morgens, wie du weißt, arbeitet, obwohl es in finanzieller Hinsicht unnötig ist und

ich darüber hinaus Einwände ganz anderer Art habe …« Er hält kurz inne. Ist er womöglich eifersüchtig auf den Apotheker, bei dem sie aushilft? »Deine Mutter also, die übrigens, wie ich, immer kleiner wird, es war dir ja ein Anliegen, mich darauf hinzuweisen …« Ich schlage die Augen nieder. »Deine Mutter will also partout, dass ich das Mittagessen bereit habe, wenn sie um halb zwei nach Haus kommt. Nun schneist du herein und störst die Vorbereitung. Aber ich bin auch auf diese Störung der Vorbereitung … vorbereitet! Eben! Ich habe das trainiert, mein ganzes Leben lang. Du kommst, du störst, aber die innere Uhr läuft weiter. Ich kann mit dir die neueren Entwicklungen der Potenzrechnung diskutieren, wir können den einen oder anderen Philosophen streifen – ›Gnothi sauton‹ – wir können …« Er zögert einen Moment. »Wir können bellen!« Er bellt laut und erschreckt mich, der ich inzwischen an seiner Schulter lehne und die mir seit Kindheit vertraute väterliche Wärme auf mich wirken lasse, maßlos! »Hahaha! Also, wir können diskutieren, streifen, bellen«, er bellt noch einmal, leiser, nur zum Vergnügen, »aber die eigentliche Aufgabe gerät mir keineswegs …« Und da sieht er den Rest seines Wurstbrots, das er inzwischen abgelegt hat, ruckelnd zwischen zwei Blättern verschwinden.
»Was ist das?«
Er hebt das obere Blatt beiseite, eine kleine graue Maus springt davon.
Nun lache *ich* laut heraus!
Mein Vater erstarrt. Ich merke es erst, als die fünf Sekunden, die er sonst braucht, um von seinen (häufigen) Exkursen aufs Thema zurückzukommen, verstrichen sind, ohne dass er ein Wort gesagt hätte.
»Vater?«
»Die gemeine Feldmaus ist …«
»Vater?«
»›Gnothi sauton.‹ Der Sinn dessen …«
»Willst du, dass ich mich um die Kartoffeln kümmere?«
»Eine Maxime fürs Leben, natürlich. Aber eigentlich …«

Noch immer wirkt er, als sei er nicht ganz bei sich! Was hat ihn die Maus aber auch aus dem Konzept gebracht! Er schaut zur Decke hinauf, wo sich ein Mobile leise in der Aufwärme der Heizung dreht. »Eigentlich ist das eine *Trainingssache*, nicht wahr? ›Gnothi sauton‹, erkenne dich selbst«, sagt er mechanisch, »das ist doch eigentlich eine … *praktische Anweisung* …«

»Vergiss die Kartoffeln nicht«, sage ich, jetzt meinerseits in Unruhe geratend, ich kenne die launische Natur meiner Mutter.

»Die praktische Anweisung lautet: Moment mal …«

»Vater, die Kartoffeln!« Ich sollte ihn rütteln, schütteln – aber auch ich bin seltsam gelähmt …

Er wendet sich mir zu. Jetzt schaltet sich in seinen Augen das Licht an! »Die Kartoffeln!« Er springt auf, er rast in die Küche. »Schnell, hilf mir!«, ruft er. »Du schälst auch ein paar. In dieser Kultur muss man Fehler zu kaschieren wissen. Wenn sie denn geschehen. Wie spät ist es? Zehn vor eins. Wir schaffen das. Und warum du deinen Fehler nicht kaschieren konntest, da dir der Professor doch sogar hilfreich unter die Arme greifen wollte, das weiß ich wirklich nicht!«

»Aber ich!«, rufe ich kindlich froh.

»Nun musst du die Folgen auf dich nehmen! Exmatrikulation! Depressive Verstimmung! Die Frauen, das sage ich dir, sind so auch nicht zu beeindrucken.«

»Juchhu!«

Ich setze die Clownsnase auf, ziehe sie lang und lasse sie hart ins Gesicht zurückschnappen. Und durch die weit offenen Türen der Wohnung sägt auf einem zitternden Lichtstrahl, in immens großer, aber, wie wir wissen, *endlicher* Geschwindigkeit, das Bild meines übermütig lachenden Vaters aus der Küche auf mich zu, sein rechtes Augenlid ist halb gesenkt, weil er mir zuzwinkern will, und seine Lippen sind weich, ja *kussbereit* geschürzt, so scheint mir, tatsächlich aber rundet er sie nur zu einem stummen »Oh!«, denn soeben verschüttet er Wasser aus dem Kochtopf auf den Linoleum-Boden.

B-Movie

Prolog

Wo Strukturen zusammenbrechen, muss sich eine tiefere Schicht der Persönlichkeit zeigen und bewähren.
Hoffen wir das Beste. Putt putt putt …

Erste Szene
Der Mönchsbruder

Die alte Frau, die, das Gewehr in der Hand, von der Schwelle aus mit scheelem Blick in das menschenüberfüllte Wohnzimmer hineinäugt, wird, vielleicht schon am Nachmittag dieses selben Tags, mit einem einzigen zur Unzeit abgegebenen Schuss die (überfällige!) Revolution auslösen. Da stürzen Gebäude ein, die fest im Boden verankert schienen, und Repräsentanten der alten Ordnung werden für unsere Karriereplanung nicht mehr wert sein als Feldmäuse! Bedenkt, wie flüchtig die Macht ist!
Kimme und Korn des Gewehrs weisen auf den flanierenden Patenonkel der Tochter des Hauses, der mit kurzen, speckigen Fingern (ungesehen, denkt er!) die Oliven aus goldumrandeten Schälchen pickt. Er schaut sich verdrossen um, sein Blick streift den Schrank, zu diesem Zeitpunkt nichts weiter als ein unauffälliges Möbel neben der Flügeltür und senkt sich, Kimme und Korn folgen, zu den Hüften der anwesenden Damen. Dann schlägt sein Gebiss erneut zu, der Saft der Oliven läuft ihm das Kinn hinab.

Würde die Geschichte bereits jetzt aus Ichs Perspektive erzählt, könnte etwas mehr vom Innenleben des Patenonkels preisgegeben werden. Ich ist geschult, aus wenigen äußeren Anzeichen einer Person, etwa, in diesem Fall, aus der Gier, mit der der Mann nach den Oliven fingert, einerseits, der Achtlosigkeit, mit der er den Blick auf die Hüften der Damen senkt, andererseits, auf die inneren Kraftfelder zu schließen, denen die Person hilflos ausgeliefert ist.

Die Perspektive der alten Frau mit dem Gewehr hingegen: ein wüstes Durchzugsgebiet. Was sie über Kimme und Korn sieht, bleibt Bild ohne Begriff.

Der weißgekleidete Pfleger, der mit einer Person im Haus, die im Weiteren eine – wenn auch untergeordnete – Rolle spielen wird, sexuelle Heimlichkeiten hat, tritt von hinten an die kleine, bewehrte Frau heran. Sie misst keine 160 Zentimeter. Wie ragt der Mann über ihren ergrauten Kopf hinaus! Und wie unbemerkt bleibt er (ihr!), während sie Kimme und Korn auf die Anwesenden richtet: auf Dr. Gregor, den Hausherrn, heute im tiefblauen Anzug, er streichelt seiner gesangsbegabten Tochter, die eben im Musikzimmer nebenan, an den Palisanderflügel gelehnt, das dreigestrichene c gemeistert hat, übers lange madonnenhafte Haar; auf zwei dürre Männer, beide in dreiteiligen Anzügen, Studienfreunde Dr. Gregors, sie fordern den Hausherrn auf, sich seinerseits an dem eingestrichenen a zu versuchen: »Auch du, Verehrtester, hast doch eine goldene Stimme!« Und Kimme und Korn zielen Dr. Gregor geradewegs in den offnen Mund, aus dessen Tiefe jetzt, unter gewaltiger Anspannung des Zwerchfells, die schwingende Luft hinausströmt. »Das war nichts«, entringt es sich dem von der ungewohnten Kraftanstrengung erschöpften, schwitzenden Mann, während die Gesellschaft Beifall klatscht. »Das war nichts. Ein … Todesschrei …«

Die Gesellschaft schätzt an Dr. Gregor, einem Mann der Wirtschaft, dass er seine kulturellen Interessen nie aufgegeben hat!

Jetzt, da alle abgelenkt sind und er hofft, seinen Pflichten unbemerkt nachkommen zu können, greift der Pfleger nach der Waffe, die die Großmutter in den Händen hält, und reißt sie mit erfahrener Hand in die Höhe. Unhörbar löst sich ein Schuss, die Kugel (Kaliber 9 mm) dringt in die Decke ein und hätte im oberen Stockwerk, im Schlafzimmer der alten Frau selbst, das Wasserglas getroffen, das auf dem Nachttischchen steht, hätte sie nicht im Deckenbalken ihre Schubkraft verloren und wäre sie so nicht zuletzt, kurz vor dem Austritt, steckengeblieben.
Einiges (Vermaledeites!) wäre anders gekommen!

Hier, im Zimmer der Großmutter, ist es so dunkel, dass es der Tochter des Hauses, die eben eintritt und die eine Ampulle mit farbloser Flüssigkeit in den Händen hält, graust. Während die Nervenbahnen entlang des jungen Rückens zittern, rekapituliert sie, zum Zweck der Beruhigung, hierin buddhistischen Praktiken ihres Freunds Sam folgend, den bisherigen Tag: nach dem Erwachen mit dem nackten Fuß nach dem Holzboden getastet, im Lauf des Vormittags ein Plakat, das von kindlichen, unzeitgemäß gewordenen Sehnsüchten zu erzählen scheint, aufrichtig erzürnt von der Wand gerissen, kurz darauf, noch vor dem Mittagessen, das Knie am Waschbecken gestoßen, weil das Telefon, unhörbar, Signale gab … Unhörbar, ja – aber alle Wahrnehmungssensorien des jungen Mädchens waren ja auf dieses verabredete Ereignis hin gespannt. So war es ohne Belang, dass sie vergessen hatte, die akustischen Signaltöne des Telefons wieder einzuschalten, die sie abends zuvor durch eine entsprechende Manipulation (wir alle wissen, wie) ausgeschaltet hatte … Wann nämlich? Nun, als sie in der Reithalle vom Rand der Bahn aus zusah, wie ihre Freundin Sarah, den jungen Körper im Sattel des preisgekrönten, jetzt alternden Rennpferds Chilas wiegend, langsam ihre Runden drehte, und die Stille des Orts sie, Henriette Gregor, Dr. Gregors Tochter, mit Gefühlen erfüllte, *die mit der modernen Kommunikationstechnologie nicht vereinbar schienen* ... Obwohl also die Signaltöne ausgeschaltet waren, spürte sie, in Erwartung des Anrufs, die Erschütterungen des Geräts, das wie ein großes abgeschnittenes Ohr auf ihrem Jungmädchentisch lag, deutlich bis in den Unterleib hinein, was sie, jäh erregt, die Distanz vom Waschbecken, wo sie sich die Achselhöhlen rasierte, zum Tisch allzu rasch nehmen ließ. So geschah der Unfall. Autsch! Tat das weh!

Aber das war um die Mittagszeit!

Jetzt beißt sie die Ampulle mit den Zähnen auf! Es kann nicht schaden, hellsichtig zu sein. So ist es ihr versprochen! Sam hat sie bei der Übergabe des *süßen Gifts* auf die jungen, rissigen Lippen geküsst.

Das Wohnzimmer, in dem die Sekunden später alarmierend gegen die Wand trampelnden Füße des jungen Mädchens zu hören sind, ist fast leer, denn Dr. Gregor, der Mann im blauen Anzug, hat die Gäste auf die Terrasse hinaus geführt. Nur Ich, der nicht länger aus der Geschichte herausgehalten werden kann, der die Tür des bereits erwähnten Wandschranks zuhält, weil er in den Schrank die Leiche eines Mönchsbruders verschwinden lassen will, den er, eine alte Rechnung begleichend, erschossen hat – nur Ich, der die Tür zuhalten muss, weil das Schloss einfach nicht einschnappen will, könnte hören, was in der Etage über ihm vorgeht.

Aber er selbst keucht zu laut.

Wann ist der Mord geschehen? Oh, zu früherer Stunde, als die Tochter im Musikzimmer nebenan das dreigestrichene c meisterte. Da erschoss Ich den Bruder. Wie viel Zeit ist seitdem bereits ins Nichts ausgebüchst! Ich kann nicht glauben, dass man ihn komplett vergessen hat! Er schaut nach dem Hausherrn aus! Interessiert sich denn niemand für den Verbleib des Bruders? Gehörte er denn nicht eben noch zu den Partygästen?

In Ichs blauer Anzugshose, innen drin – was ist das! – läuft ihm eine Maus übers ausgestellte Bein. Iiiiii! Oh Graus!

Nein, es ist eine Schweißperle! Weiter nichts.
Wo bleibt die Polizei?

Lieber verunglücken als verglücken, denkt eben jetzt die Tochter des Hauses im Bett der Großmutter, kurz bevor sie das Bewusstsein verliert. »Sam hat Recht, das Zeug macht hellsichtig: Vater hat eine Geliebte, da steht's mit flammenden Buchstaben an die Wand geschrieben. Die Frau, mit der er schläft, hat eine Tochter von ihm. Sie heißt Anna. Das wäre dann meine Halbschwester. Sie ist zehn Jahre jünger als ich, und sollte ich jetzt sterben, werde ich sie nie gesehen haben.«
Hoch oben auf dem Dach des Gasometers stehend hebt die Tochter – aber sie ist es nicht mehr! – ab. Ihre Arme schlagen mit breiten Schwingen gleichmäßig in die Nacht. Durch geschickte Kontrolle der Atmung ist Fliegen leicht. Es geht den sanft gewellten Hügeln, den fernen Bergen entgegen …

Ich könnte sich, in Erwartung einer Strafmilderung, freiwillig stellen, das wäre – so denken auch wir! – klüger. Ich hat den Mord schließlich nicht aus Habgier begangen. Wir sagten: er hatte eine alte Rechnung zu begleichen!
Das Blut des Mönchsbruders fließt über die Schwelle des Schranks und in einer kaum wahrnehmbaren Bodenrille auf die Mitte des parkettierten Raums zu. Hinter der gläsernen Terrassentür gestikulieren die beiden dürren Männer, sie führen ein (philosophisches!) Streitgespräch. Ihre Gesten entsprechen rhetorischen Figuren einer Zeit, deren Untergang unabänderlich erfolgt ist! Würde das Küchenmädchen, in den Händen das riskant dicht mit Gläsern bestückte Tablett, auf dem nicht enden wollenden Weg (vorsichtig geht es, das immerhin!), auf dem durch den Salon führenden, nicht enden … wol-len-den Weg auf die Terrasse hinaus (und wusch, die Treppe hinauf!) weniger blickstörend in die Linie treten, sähe Ich, und wir sähen es mit ihm, dass sich einer der beiden Männer hinter der Terrassentür *das dünne Haar rauft*.

Nun kommen sie herein, es ist wohl die Terrasse das Pflaster für die Art Gespräch nicht, das sie führen.
»›Das Ich setzt sich selbst ein Nicht-Ich entgegen.‹ Wie soll das zugehen«, sagt der eine und stolpert über die Stufe, die den Übergang vom Außen- in den Innenraum markiert.
»Das wird man nie begreifen«, vermutet der zweite und meistert, gewarnt, die Stufe mit Hilfe eines Blicks auf seine Füße.
»Heutzutage klingt es nicht einmal mehr gut«, sagt der erste und rutscht in der Mitte des Raums auf dem gerinnenden Blut aus.
»Tat es das je?«, fragt der zweite, die Lache umgehend.
»Das muss wohl«, so der erste, sich nach einem Lappen umsehend, ohne die Spur der auf dem dunklen Parkett farblos wirkenden Flüssigkeit bis zum Schrank zurückzuverfolgen.
»›Das Ich setzt sich selbst ein Nicht-Ich entgegen.‹« Der zweite entdeckt auf dem Büfett einen länglichen Laib Weißbrot und kommt auf eine Idee, die er pervers nennen möchte (und wir mit ihm). Kurzentschlossen greift er nach dem Brot und bricht es der Länge nach auf.
Soeben sagt der erste: »Unwillkürlich versucht der Denker, sich in die Lage des Ichs zu versetzen, *bevor* es sich selbst sein Nicht-Ich entgegensetzt.«
»Eben!«, sagt sein Freund, das Brot in der Hand. Er ist in diesem Moment kein idealer Zuhörer. Er ist bereits niedergekniet und wischt, leise lachend, weil er, was er tut, für einen gelungenen Jungenscherz hält, mit dem unter der Kruste herausklaffenden weißen Brotinneren die Flüssigkeit vom Boden auf.
»Aber bei solchem Bemühen«, sagt der erste, »krümmt sich das Gehirn ja in sich selbst zurück!«
Jetzt entdecken beide – das weiße Brot bietet einen ganz anderen farblichen Hintergrund als der Parkettboden! –, dass die Flüssigkeit rot ist, aber noch schöpfen sie keinen Verdacht. Das Büfett ist unabsehbar reich bestückt. In Frage kämen die Bratensauce, der Rote-Beete-Saft, nicht zuletzt

der Elsässer. Nun aber erreicht, tief gebückt in seiner ungewohnten Handlung, der putzwütige Philosoph den Schuh Ichs, darüber zeigt sich das Hosenbein eines blauen Anzugs. »Ach, du liebe Zeit«, sagt der andere, denn jetzt erst entdeckt auch er den Mann, der sich gegen die Tür des Schranks lehnt, und schlägt schamhaft den Arm vor die Augen. Das von Blut – ja, Blut! – triefend nasse Brot wie einen Lappen faltend, erhebt sich sein Freund vom Boden und tritt ertappt beiseite. »Es muss dunkel sein, in diesem Brunnen des Ichs, ehe es sich selbst ein Nicht-Ich entgegensetzt«, sagt er, während er schleunigst ins Hausinnere verschwindet.

Und was, wenn ein Ich zum Nicht-Ich wird?
Der Kommissar tritt herein. Da ist sie nun, die Polizei. Hat sich Zeit gelassen. Aber da der Täter den Ort der Tat nicht verlassen kann, hat sie es nicht eilig.
Obschon die Dinge ja offen am Tag liegen – schaut da nicht gar ein halber Fuß unter der Schranktür heraus? – beschleunigt, dribbelt und passt der düstre Mann mit der Pfeife im Mund besitzergreifend in die dunklen Ecken des Raums, während das Küchenmädchen, mit abgeräumtem Tablett auf dem Rückweg in die Küche, erneut blicksperrend, die Kurve nimmt und dem Kommissar, weil er ein neuer Gast ist, mit dem Kopf zunickt. Er aber, der hier etwas aufzuklären hat, der seine Aufgabe ernst nimmt, greift es, ehe es den Raum verlassen kann, ab, stellt, unhörbar für den, der lauscht – das wäre Ich! – seine Fragen, die das Netz langsam zuschnüren und den Hergang der Ereignisse bereits einkreisen, noch ehe sie sich erfüllt haben.
»Darf ich fragen, was um Himmels willen …« Dr. Gregor, Hausherr, Vater einer Tochter (tja, zweier Töchter!), stürmt von der Terrasse herein, hinter ihm der sonst ein langsameres Tempo pflegende, aber in diesem Moment neugierig belebte Patenonkel, der seine Sorgepflicht, wie er bald erfahren wird, für ein ernstes Mal vernachlässigt hat, ihm nach die Mutter (erstmals im Bilde, betrunken!), die Großmutter, die den

Pfleger mit dem inzwischen fachgerecht entladenen Gewehr nicht aus dem Auge lässt, und am Schluss, ja, hinter allen, feixend, prustend, die beiden dürren Philosophen, die zwar, wie wir wissen, ins Hausinnere verschwunden sind, aber … alles ging wirklich so schnell, ja, schneller als das Licht, so dass die beiden, schleppende Nachbilder, dort noch sichtbar sind, wo ihre Körper nicht mehr zu greifen wären …
»Was um Himmels willen …«
»Eine Leiche, was sonst«, so tritt der düstre Kommissar dem Ansturm der Partygäste entgegen.
Wir können uns von den Ängsten Ichs ein Bild machen!

Dr. Gregor: *(sich das blaue Jackett vom Leib reißend)* Das werden Sie erst einmal beweisen müssen!
Kommissar: Untersuchen wir die Schwachstellen!
Dr. Gregor: Das Haus steht Ihnen offen.
Kommissar: Wir beginnen, wo es am dunkelsten ist. *(ab)*

Ich ist gebrandmarkt. Das ist das die Zeit Auslöschende an einem Mord. Was immer ein Ich getan, wie viele rote Ampeln es missachtet haben mag, selbst ein mit grober Hand vollzogener Schlag gegen einen schwächeren, zum Beispiel weiblichen Körper, all das ist wieder aus der Zeit zu tilgen. Ein Mord nicht.
Immer noch drückt der tote Leib von innen gegen die Schranktür.
Ich streckt die Hand hinein. Er wird sein ganzes Geschick, sein *Fingerspitzengeschick*, aufwenden, um dem toten Bruder, der, so Ichs Eindruck, jederzeit den Mund öffnen, ihn als den wahren Schuldigen bezeichnen und ihm die Hunde auf den Hals hetzen könnte! – nur, wäre das nicht besser, als mit heiler Haut davonzukommen, aber bis in alle Ewigkeit dem Bewusstsein der eignen Tat ausgesetzt, *gebrandmarkt* zu sein? – er wird dem toten Bruder, der (natürlich!) den Mund hält, die Kleider vom Leib nesteln, um sie selbst anzuziehen und in dieser Tarnung zu fliehen!

Das Jackett des Toten übergestreift! Aus der eignen (blauen) Anzugshose gestiegen! So … Nun Vorsicht! Einem Toten die Hose ausziehen, das ist, den Blick abgewandt, nicht einfach, noch dazu mit *einer* Hand, mit einer (in Ichs Wahrnehmung) riesigen, tellergroß anwachsenden, in den Gelenken knackenden, fingergeschickten Hand. Ah! Wie das geht! Du … *Taschendieb!*

Ich lacht. Ein starker Moment!

Da hat er sie schon an, die (blutbefleckte) Hose des Bruders.

»Das kann unmöglich *Wirklichkeit* sein!«

Der laut schreiende Vater, der, die Arme ausgebreitet, den Flur entlang kommt – für einen kurzen Moment sieht er dem Gekreuzigten verdammt ähnlich! –, wird von dem voraneilenden, fündig gewordenen Kommissar geschickt in seine Schranken gewiesen. Er stützt die Mutter, die, die tote Tochter auf den Armen, mit zerstörtem (betrunkenem!) Blick zu dem Kronleuchter hinaufstarrt, der den Flur erhellt.

»Es ist klar, dass hier der Vater verdächtigt wird. In solch einem Fall immer!«

Ein Toter lenkt vom anderen ab, denkt Ich – und schaut der toten Tochter gleichgültig nach.

Und während die vor Erregung zitternde Gruppe unter Führung des Mannes, der jederzeit Handschellen aus der Tasche ziehen könnte, das Haus verlässt, während Rufe zurückschallen wie: »Was besagt eine Leiche!« und »Wir saßen doch gerade noch so schön beieinander«, winkt einer (in einer blutbefleckten Hose), der sich der Gruppe nicht anschließen möchte, weil er die Tür eines Schranks zuhalten muss, das Küchenmädchen zu sich. »Hältst du mal eben?«, sagt er. »Ich hole Klebeband.«

Schon ist er fort. In den Kleidern des Toten. Das wird gehen, ja, das wird gehen …

Kehraus!

Der Pfleger trägt die Großmutter herein, er hat sie (meister-

haft!) geschultert. Sie ist, von den Ereignissen, so plattgedrückt, als habe sie unter einem Grabstein gelegen. Stell sie ab, da in der Ecke! Ja, danke ... Und wessen Schatten fällt hier ins Bild? Ach, du bist es wieder, der Philosoph. Bist du zu einer bleibenden Erkenntnis gelangt? »Das Nicht-Ich ist interessanter als das Ich.« Tja, zumindest in kriminologischer Hinsicht. Und dein Freund? Was sagt er? »Deshalb«, so seine Antwort, »setzt das Ich es sich ja entgegen.«
Gut, darauf können wir uns einigen.
»Ich und Nicht-Ich«, so einer der beiden, wir wissen, in der bereits einsetzenden Schlussmusik, wirklich nicht zu sagen, wer, »sind Setzungen eines dritten.«
»Aber«, sagt ... vielleicht derselbe, vielleicht der andere, im Abgehen, »wer käme da in Frage?«
Dem Küchenmädchen wird's derweil zu dumm, die Tür des Schranks, den es heute morgen ausgeräumt, gesäubert und neu mit Papier ausgelegt hat, zuzuhalten. Es setzt sich über den Auftrag, der von höherer Warte ergangen ist, hinweg und entfernt sich mit in der Stille hörbar klappernden Absätzen vom Ort des Geschehens. Während sich hier die Schranktür quietschend öffnet, *ohne etwas anderes als Leere preiszugeben!* ... und während sich im Bett der Großmutter die Umrisse des Körpers der Tochter noch abzeichnen, auch der Riss in der Tapete unmittelbar daneben eine Spur darstellt, die auf etwas hinzudeuten scheint, vielleicht auf reflexhafte Schläge einer jungen, sich in Agonie um eine Giftampulle krampfenden Faust gegen die Wand, und während die Großmutter, allein gelassen, wieder zur Dreidimensionalität zurückfindet und das achtlos gegen den Tisch gelehnte Gewehr ergreift – hier zweigt die Geschichte der durch unzeitig abgegebene Schüsse ausgelösten (überfälligen!) Revolution ab, näheres demnächst – und während der Pfleger in den Privaträumen des Personals, im Beisein des sich absattelnden Küchenmädchens, eine Zigarette raucht, und während die schuldhaft verstrickte Gruppe ehemals gutgelaunter Partygäste unter Führung des schwarzen Mannes auf die brodelnde Innen-

stadt zuhält, wo das Polizeipräsidium in Erwartung ihrer Ankunft mustergültig illuminiert ist, eilt Ich auf den Waldessaum zu, unter seinen Schritten raschelt – gut hörbar, vermutlich nachsynchronisiert! – das Laub. Hinter ihm aber, fern bereits, auf der Anhöhe vor dem Haus, welches Ich nun für immer verlassen hat, steht, in der untergehenden Sonne nichts als ein dunkler Schatten, der Mönchsbruder und ruft ihm, die Hände zum Trichter an den Mund gelegt, über die lauter werdende Schlussmusik hinweg inbrünstig bittend nach: »Wir werden uns über solche Lappalien entzweien!«

Zweite Szene
Entlarvung

Ich: *(allein in einem Sessel, im Schein der Stehlampe, trägt einen tiefblauen Anzug)* Ich bin zur Stätte meiner Triumphe zurückgekehrt. An die Universität. Gleich hinter der Eingangstür fiel mir auf, dass sie das Schild ›Interessantester Student 1977‹, das mein Konterfei zeigt, umgehängt haben. Es ist im dunkelsten Teil des Flurs auf dem Weg zur Toilette gelandet. Der Dekan hat auf Nachfragen wenig glaubhaft versichert, das sei im Rahmen notwendiger Renovierungsarbeiten geschehen und aus Nachlässigkeit des Reinigungspersonals nicht rückgängig gemacht worden. Ich glaube ihm kein Wort, aber es ist nun einmal so: Die Zeit geht über uns alle hinweg. Nicht wahr? *(lacht sehr laut)* Ich sage zu ihm: ›Einmal will ich es Ihnen noch durchgehen lassen. Beim zweiten Mal jage ich Ihnen meinen Schäferhund an den Hals.‹ Ich habe gelacht, aber ich habe ihn verunsichert! *(nickt)* Ich hatte die kleine Hansmeier dabei, ich habe ihr alles erklärt. Es hat sie nicht interessiert, aber sie kann ihren Chef nicht brüskieren. *(lacht laut)* ›Sehen Sie, Frau Hansmeier, hier ging es am frühen Dienstagmorgen zum Fichte-Seminar. Der Mann am Pult war unfähig, aber er erkannte bald, dass er in mir ein junges Genie in seinem Hörsaal sitzen hatte und überließ mir, wann immer es ging, das Podium. Ich hatte, dank meiner privaten Gesangsstunden, eine tragende Stimme und erreichte noch die letzte Reihe im Hörsaal. Aber die Kommilitonen begannen zu murren. Begabung ist kein Zuckerschlecken, Frau Hansmeier. Ich musste mir die erstaunlichsten Verbalattacken anhören: Wir sind nicht hier, um den Hofstaat eines eitlen Industriellensöhnchens zu bilden! Ich habe in Augen blanken Hasses geschaut. Das war der Neid! Aber ich habe sie, Frau Hansmeier, im Lauf der Jahre alle wieder gesehen, keiner hat gezögert, seine dreckigen Schuhe auf meiner Fußmatte abzustreifen, auf meinen Festlichkeiten die gefüllten Näpfe leer zu fressen und *(lacht)* an alte Zeiten zu erinnern. *(jovial)* Und hier, in diesem innenarchitektonisch lausigen, auf nichts als Zweckmäßigkeit ausgerichteten Hörsaal habe ich den Ausführungen des Philosophen Weckmann-Habicht lauschen dürfen. *(lacht sehr laut)* Mann, ich habe nichts begriffen. Er auch nicht, da bin ich sicher! ›Das Ich setzt sich selbst ein Nicht-Ich entgegen.‹ *(lacht)* Ich wollte unbedingt in ein Privatissime. Am Tag jedoch, als es losgehen sollte – stellen Sie sich das vor! – ist der ehrwürdige Mann morgens umgefallen und war tot! Das nenne ich Schicksal. So musste ich also doch meinen eigenen, ganz persönlichen Weg gehen. Er hat mich, Frau Hansmeier, in andere Welten geführt, als sich die Schulweisheit träumen lässt! Ich wäre sehr gern an der Universität geblieben. Und wie hat man mir in den Ohren gelegen! Aber nein, sage ich. Ich weiß doch noch gar nichts! Das Leben muss seinen prägenden Stempel auf meine Stirn setzen, vorher ziehe ich mich nicht in den gesicherten Hafen der Wissenschaft zurück. Aber, Frau Hansmeier, wissen Sie‹, sie reißt die Augen auf, weil es so in ihrem Vertrag steht *(lacht sehr laut)*, ›wer einmal fort ist, der kehrt nie wieder. Ich habe das Lager gewechselt – und kein philosophisches Werk mehr angerührt.‹ Im Klartext …

Mönchsbruder: *(wird im Hintergrund des Zimmers sichtbar, lässig gegen eine Kommode gelehnt, feilt sich die Nägel)*

Ich: *(sehr für sich, plötzlich depressiv)* Im Klartext: Es hatte sich nichts verändert. Das war in der Tat schockierend. Ich stand dem Philosophikum gegenüber auf dem sogenannten Feldherrnhügel. Ein hässlicher Trampelpfad lief über den Rasen auf den Haupteingang zu. Da wirst auch du gehen, Gregor, sagte ich mir – und wusste nicht, dass dieser Trampelpfad das einzig Neue bleiben würde, das der Ort für mich bereithielt. Ich fand die Namensschilder von Professoren, die schon vor 24 Jahren zu alt waren, um sich noch selbst die Schuhe zu binden. Ich steckte die feuchte Nase in eine Aula, da las Herr Bormann, wie immer mit gerecktem Kinn, Aristoteles. Ich hätte in den Putzeimer des Reinigungspersonals kotzen mögen. *(brütet)*

Bittsteller: *(drängen vom Flur herein)*

Mönchsbruder: *(steckt die Feile weg)*

Bittsteller: *(im Chor)* Eine milde Gabe!

Ich: *(nachdenklich)* Ich könnte natürlich noch einmal ganz von vorn anfangen. Die Aufregung des ersten Semesters …

Bittsteller: *(im Chor)* Morgenstund' hat Gold im Mund.

Ich: Fragen Sie in der Küche nach. Ein paar Abfälle müssten übrig sein.

Bittsteller: *(im Chor)* In der Küche, in der Küche … *(aufgeregt ab)*

Ich: *(finster)* Studiosus cand. phil. Gregor. ›Das Ich setzt sich selbst …‹

Mönchsbruder: *(gähnt)*

Ich: Vielleicht würde man mir die jahrzehntelange Berufserfahrung in der Baubranche als examensrelevantes Praktikum anerkennen. *(weinerlich)* Zu irgendwas muss es doch gut gewesen sein …

Tochter: *(tritt auf)* Was fällt dir zu dem Namen Anna ein?

Ich: *(fällt in Ohnmacht)*

Mönchsbruder: *(verschwindet unauffällig)*

Tochter: *(zur Mutter)* Siehst du?

MUTTER: *(mit Koffer, nüchtern)* Ich habe die Tagebücher gelesen. Da steht es schwarz auf weiß.

TOCHTER: Sam sagt, der Wahrheitsdroge kann man vertrauen.

MUTTER: *(sieht nach der Uhr)* Wir kriegen die siebzehn nach.

TOCHTER: Wer kocht ihm jetzt die Milchsuppe?

MUTTER: Darum soll die Alte sich kümmern. *(beide ab)*

PATENONKEL: *(erregt herein)* Ich nehme euch im Auto mit! *(ihnen nach)*

ICH: *(kommt zu sich, benommen)* Ich stehe selbstverständlich zu Ihrer Verfügung.

Untergrund

Comic

Ich, *Brücken- und Wegebauer, hofft auf einen großen Auftrag im Rahmen des Wiederaufbaus des Landes*
Nicht-Ich, *sein Bruder, esssüchtig*
Lokomotivführer, *erweist sich als infantil und, was Karrierehilfe betrifft, nutzlos*
Pützchen, *schafft den Sprung in die gesellschaftliche Höhe, indem sie ihren Körper einzusetzen weiß*
Penelope, *Ichs Ex-Frau, und das* Kind, *beide über einen Monitor aus dem realen Leben zugeschaltet*

Ambiente: changiert zwischen einem unterirdischen Rangierbahnhof, dem Wartesaal einer Klinik und einem Wohnraum.

Erste Szene

Weitläufige Halle, unterirdisch. Vorne spärliches Mobiliar.
Ein Monitor.
Im Hintergrund: ein- und ausfahrende Züge.

Stimme: *(Lautsprecher)* Der IC Loreley hat erwartungsgemäß sieben Stunden Verspätung. Grund ist eine Baustelle. Die Züge werden rechtsrheinisch umgeleitet. Wir wünschen gute Unterhaltung.

Ein Aufzug kommt heruntergefahren, öffnet sich. Niemand steigt aus. Der Aufzug fährt wieder hinauf.
Geräusch eines Zuges, ohrenbetäubend.

Ich: *(aus der Versenkung)* Das ist ja verdammt einsam hier. *(singt)* ›Hänschen klein ging allein …‹

Monitor geht an: Penelope.

Penelope: *(stumm)*
Ich: Ich steh mit beiden Beinen auf der Erde. Ich hab viel durchgemacht und kann für mich allein sorgen.
Penelope: Das käme auf einen Versuch an.

Monitor geht aus.

Ich: Na ja, ich will mich nicht beklagen. Aber wenn man Tag für Tag seinen Mann steht, in teils widrigen Verhältnissen, dann ist es kein Vergnügen, sich zu guter Letzt beschimpfen lassen zu müssen. Ich trage mein Schicksal ergeben, aber das geht zu weit.

Der Aufzug kommt heruntergefahren: Nicht-Ich, identisch gekleidet wie Ich. Er hat ungefähr die Figur wie Ich, hat Essenssachen dabei.

Nicht-Ich: *(setzt sich in einen Sessel)* Na, wie war's?
Ich: Beschissen.
Nicht-Ich: Ach?
Ich: Drei Türen vor der Nase zugeknallt. Wo ich rein bin, saß ein Schwuler, der überinteressiert war.
Nicht-Ich: *(schweigt betroffen)*
Ich: Ich klapper noch das letzte Büro der Hauptstadt ab. Das kannst du mir glauben.
Nicht-Ich: Das wäre mir zu anstrengend.
Ich: Du hast die bessere Hälfte erwischt.
Nicht-Ich: Das fragt sich.

Güterzüge rattern oberirdisch vorbei.

Ich: Neues vom Chef?
Nicht-Ich: Nein. *(räkelt sich)*
Ich: *(interessiert)* Was würdest du denn tun? An meiner Stelle.
Nicht-Ich: *(betreten)* Ja, weißt du, ich bin ja ganz unerfahren.
Ich: Deshalb frage ich dich.
Nicht-Ich: *(zögert)* Na ja, ich würde vielleicht ... vielleicht ein bisschen mehr ... ich selbst sein ...
Ich: *(hustet wütend)* Großartiger Vorschlag.
Nicht-Ich: Du nimmst mich nicht ernst. Aber wenn du mich fragst: Du gehst es viel zu ambitioniert an. Die meisten Menschen sind nicht ambitioniert. Und die Schwellenhüter ...
Ich: Schwellenhüter.
Nicht-Ich: Die schon gar nicht. Erst mal ein bisschen quatschen, bisschen Weinchen trinken, bisschen lachen, warm werden ...
Ich: *(angewidert)* Lass mich bloß mit so was zufrieden.
Nicht-Ich: Sag ich ja! Du bist zu streng.
Ich: Ich habe keine Zeit für Unsinn.
Nicht-Ich: *(nickt gleichgültig)*

Nicht-Ich richtet sich ein: Illustrierte, Essenssachen. Isst. Zeit vergeht.
Ich grübelt.
Im Hintergrund taucht eine Putzfrau auf.

Ich: *(sieht sie)* Ein Geschenk Gottes.

Zweite Szene

Ich im Anzug, Nicht-Ich bei ihm.
Die Putzfrau (Pützchen) putzt etwas weiter im Vordergrund.

NICHT-ICH: Tadellos, der Anzug sitzt tadellos.

ICH: *(durch die Frau abgelenkt)* Mir ist Kleidung völlig gleichgültig, aber bestimmte Regeln gilt es einzuhalten.

NICHT-ICH: Na klar.

ICH: Ich bin darauf aufmerksam gemacht worden, dass ich mein Hemd häufiger wechseln sollte. Ich transpiriere.

NICHT-ICH: Ist mir nicht aufgefallen.

ICH: An solchen Kleinigkeiten soll es nicht scheitern. *(leise)* Kennst du sie?

NICHT-ICH: Ich bin zu faul, mich umzudrehen.

ICH: *(streng)* Mach kein Theater.

NICHT-ICH: *(dreht sich um)* Nein.

ICH: Ich hab von Frauen genug. Sie bringen alles durcheinander.

NICHT-ICH: Ich habe nichts gegen Frauen. Wir wären nicht weit gekommen ohne sie.

ICH: *(macht sich zum Ausgehen bereit)* Ich bin's leid. *(mit dem Aufzug ab)*

Nicht-Ich isst, Pützchen putzt. Die beiden fremdeln in keiner Weise.

PÜTZCHEN: Der IC Loreley hat schon wieder Verspätung.

NICHT-ICH: Sieben Stunden.

PÜTZCHEN: Das ist doch ungeheuer.

NICHT-ICH: Ja, schon. Man muss es gelassen sehen.

PÜTZCHEN: Das wär nichts für mich.

NICHT-ICH: Sie stellen ja auch Ansprüche. Wie mein Bruder.

PÜTZCHEN: Mit dem möchte ich aber nicht verglichen werden.

NICHT-ICH: Er hat ein gutes Herz.

PÜTZCHEN: Von wegen.

Monitor geht an: Ich hastet über eine regnerische Straße, nähert sich einer Imbissbude.

Monitor geht aus.

Pützchen: *(lacht)* Na, für mich hat auch das letzte Stündchen geschlagen. Sieben Jobs, drei Abtreibungen, ich bin nicht gut organisiert. Ich ziehe auch laufend um.

Nicht-Ich: *(isst)* Ich bin abhängig. Das ist auch kein schönes Gefühl.

Stimme: *(Lautsprecher)* Frau Schmidt in Sprechzimmer drei, bitte. Folgen Sie den blauen Pfeilen.

Der Aufzug kommt heruntergefahren, öffnet sich: Niemand.

Pützchen: Ich habe von Ärzten keine gute Meinung.

Nicht-Ich: *(isst)* Sie treten meist für kontrollierte Ernährung ein.

Pützchen: *(etwas erregt)* Die Sexualität ärztlich tätiger Menschen lässt erfahrungsgemäß zu wünschen übrig.

Nicht-Ich: *(fühlt sich unwohl)*

Pützchen: Ich habe mal auf eine Anzeige geantwortet. Ich wollte wissen, wie Fachmänner das machen.

Nicht-Ich: *(ablehnend)* Mh.

Pützchen: Ich bekam eine Einladung in die Klinik. Das ging schon gut los! Überall vergitterte Fenster. Wo bin ich denn hier gelandet, dachte ich.

Nicht-Ich: Was für eine Anzeige?

Pützchen: *(arglos)* Eine Sex-Anzeige.

Nicht-Ich: *(nickt)*

Pützchen: Eine Schwester ging vor mir her, sie hatte einen Klumpfuß. Das war Zufall, aber ich dachte doch: Sie hat einen Klumpfuß, wie sollte es auch anders sein.

Güterzug, oberirdisch.
Die beiden warten, bis der Lärm abebbt.

Pützchen: Sie führte mich in ein Zimmer und sagte: ›Hier können Sie sich freimachen.‹

Nicht-Ich: Das war direkt.

Pützchen: *(nickt stolz)* Ich sagte ihr, ich hätte Beschwerden im Unterleib. Das war natürlich unnötige Camouflage. Sie wusste ja genau, weswegen ich da war, aber ich wollte es doch nicht so ohne weiteres zugeben. Ich wollte mir auch ein Hintertürchen offen lassen. Wenn der behandelnde Arzt nicht meine Kragenweite ist, dachte ich, dann nichts wie weg!

Nicht-Ich: Ja.

Pützchen: Ich war nervös.

Nicht-Ich: Begreiflich.

Pützchen: Die Schwester hat im Hintergrund Urinproben untersucht. Das fand ich sehr unpassend. Ich wollte gerade fragen: ›Wann geht's denn los?‹, da entdecke ich in einer dunklen Nische des Zimmers … *(senkt die Stimme)* Ein Mann auf einer Pritsche! Er schläft, offensichtlich, aber er ist nackt, und er hat …

Nicht-Ich: *(ungerührt)* Eine mächtige Erektion.

Pützchen: Ich kann nichts dafür, so war es.

Nicht-Ich: Nun, darum ging es ja wohl.

Pützchen: *(nickt)* Ich war furchtbar erschrocken. Ob das der Arzt ist?, dachte ich. Und nun? Was soll ich tun? Ich bin ja gekommen, um etwas zu lernen. Soll ich die Initiative ergreifen? Die Schwester …

Nicht-Ich: Macht keine Anstalten.

Pützchen: Das hätte mich auch sehr irritiert. In der Anzeige war ausdrücklich von männlicher Fachkraft die Rede.

Nicht-Ich: Und?

Pützchen: Der Mann war ziemlich behaart. Ein Affe, dachte ich. Er gefiel mir nicht. Aber ich war doch schon sehr erregt, daraus mache ich gar keinen Hehl. War das nun der Arzt? War das nun ein einfacher Mann, der auch nur zur Untersuchung hergekommen war? *(lacht)* Zur Untersuchung! Als wäre ich zur Untersuchung gekommen. Und wenn wir beobachtet würden? Wenn ich nun auf ihn stiege – später würde mir vielleicht ein Video vorgeführt, und dann hieße es, diese und jene Beckenbewegung ist, was die Lust betrifft, kontraindiziert!

Nicht-Ich: *(lacht)* Ja.

Pützchen: Und die Schwester war immer noch im Raum. Das war sehr indiskret. Aber dann dachte ich: Ich bin aufgrund dieser Anzeige gekommen, ich habe mich dazu entschlossen. Es ist ein sauberes Geschäft. Darin sind alle verwickelt. Was gibt es hier verschämt zu sein! Nur voran! Und ich hebe meinen Rock. Ich steige auf den Mann rauf, ich nehme seinen …

Nicht-Ich: *(ungerührt)* Schwanz.

Pützchen: … seinen Schwanz in die Hand, schau, ob er hart genug ist. Ich bin etwas angewidert …

Nicht-Ich: Verständlich.

Pützchen: Aber irgendwie erregt es mich auch, na, und ich drück ihn rein, irgendwie, ich lass mir keine Zeit, er ist drin, und ich muss sagen, ich spür nicht viel.

Nicht-Ich: *(nachdenklich)* Mh.

Pützchen: Aber ich denke: Das kommt noch. Ich bewege mich so ein bisschen auf und ab, ich sag zu mir: Reiten … Und ich mach's so, wie ich denke, dass es richtig ist. Wie ich's gelesen habe und so weiter. Plötzlich, ich weiß nicht warum, fang ich an, ein Lied zu singen, ein Kinderlied! Voller Abscheu denke ich über mich selbst: Pützchen, du bist kein kleines Mädchen mehr! Im selben Moment geht eine große Woge Lust durch mich. Und ich spüre, dass der Mann …

Nicht-Ich: Der Schläfer.

Pützchen: … dass er nach meinem Hintern greift. Und er reißt auch die Augen auf und befindet sich bereits in höchster Lustentfaltung, er krümmt sich geradezu vor Lust. Wie ist das aber auch schnell gegangen! Na, und mir rutscht es plötzlich raus: ›Du Fickling!‹, rufe ich. Ich sag so was nie! ›Du Fickling!‹ Und er grunzt, er findet das kolossal aufregend. Aber ich merke: Je mehr ich rede, und ich rufe jetzt immer mehr ganz unsinnige obszöne Worte heraus, je mehr ich rede und rufe, umso weniger Lust verspüre ich. Das ist seltsam, aber es ist so, und ich denke: Du musst aufhören zu reden, sonst wird das nichts mehr. Aber ich rufe immer weiter: ›Du Fickling!‹ und ›Arschmann!‹ Und plötzlich, ich weiß nicht, wie es zugeht, plötzlich muss ich tun, was der Arzt will, und die Schwester ist da, und ich habe keine Kraft mehr, sie wegzuschicken, und sie drückt mir auf die Schultern und ruft: ›Pressen, pressen!‹, und der Arzt ruft: ›Ich seh's schon, ich seh's schon …‹

Nicht-Ich: *(nach einer Weile)* Erledigt.

Pützchen: Ich will dann gehen. Da steht die Kasse. Ich bin zwar nicht ganz auf meine Kosten gekommen, anders, als es die Anzeige versprochen hat, ich finde es auch nicht in Ordnung, dass die Ärzte ihre Arbeit zur eigenen Lustbeschaffung ausnutzen, aber ich will auch nicht kleinlich sein. Die Schwester gibt mir die Pille-Danach. Ich sag: ›Das braucht's nicht.‹ Sie sagt, das sei Pflicht, das habe so auch in der Anzeige gestanden.

Nicht-Ich: Eine gut organisierte Klinik.

Pützchen: Im Foyer saß ein junges Mädchen. Ich konnte gleich sehen, worum es ging. Sie ist vergewaltigt worden, dachte ich, und sie lässt eine Abtreibung vornehmen. Ich war stolz! Im Gegensatz zu ihr habe ich mir Sex gekauft! Sie tat mir leid. Aber ich dachte auch: Wie man sich bettet, so liegt man.

Nicht-Ich: *(nach einer Weile)* Das ist ja eine schöne Geschichte.

Stimme: *(Lautsprecher)* Frau Schmidt zum Röntgen in Kabine 17.

Dritte Szene

Ich, zurückgekehrt.
Nicht-Ich im Hintergrund, bereits etwas fetter.
Pützchen putzt, unauffällig.

Ich: *(für sich, wütend)* Wenn's dem Chef behagt … Ich gebe mich noch lang nicht geschlagen. Das ist eine Sache der Konsequenz.

Ein Zug, sehr nah.
Monitor geht an: das Kind, es schaut gerade in die Kamera.

Ich: *(ohne das Kind zu bemerken)* Der Detektiv. Der *(höhnisch)* In-ve-sti-ga-tor …
Nicht-Ich: *(singt)* ›Heidewitzka, Herr Kapitän …‹
Ich: Ich wär schon froh, wenn man mit dem einen oder anderen einmal richtig ausführlich telefonieren könnte. Das gäbe ja mal einen Einblick. Ich weiß ja nicht einmal, worum es eigentlich geht. Ich lege einen Bauentwurf nach dem anderen vor, aber vielleicht ist das gar nicht das Entscheidende.
Nicht-Ich: *(brüllt)* ›Mit dem Böööööötchen fahren wir so gern …‹
Ich: Am Ende kommt es darauf an, wie du dem Kerl die Hand drückst und ob du unter den Achseln transpirierst oder nicht. ›Qualität setzt sich durch!‹, hieß es früher. Das ist ja lächerlich.
Nicht-Ich: Schrecklich, am Ende den Ärzten ausgeliefert zu sein.
Ich: Was ist in meiner Abwesenheit geschehen?
Nicht-Ich: Der IC Loreley ist ganz ausgefallen. Sie haben drei kleinere Regionalzüge als Ersatz eingesetzt, aber die Passagiere mussten erst eine Strecke von viereinhalb Kilometern zu Fuß gehen, bis sie in die neuen Züge einsteigen konnten. Es ging über Stock und Stein, und einige sind unterwegs zusammengebrochen.
Ich: Da wird es Schadensersatzklagen hageln.
Nicht-Ich: Natürlich.
Ich: Chefsache.
Nicht-Ich: Die Baustelle am Zentralplatz geht voran.
Ich: Ja, deshalb muss man dauernd Umleitungen fahren.

Nicht-Ich: Und in der Klinik ...

Ich: Ja?

Nicht-Ich: Ein Kind wurde am Blinddarm operiert. Es war höchste Eisenbahn.

Ich: *(gerührt)* So?

Nicht-Ich: Es war sehr tapfer. Es hat rückwärts gezählt: 100, 99, 98, 97. Es war aber schon bei 98 weg.

Ich: Chloroformiert.

Nicht-Ich: Ja, sie haben die alte Technik gewählt und ihm ein Schälchen auf die Nase gesetzt. Boing!

Ich: Da war's weg.

Nicht-Ich: Jetzt ist es wieder da.

Ich: Aber sicher ist es sehr unruhig.

Nicht-Ich: Ja, es denkt: Vielleicht hat man was im Bauch vergessen. Etwas, das da jetzt herumliegt und lauert.

Ich: Worauf?

Nicht-Ich: Auf den Moment zum Zuschlagen.

Ich: Was Kinder so denken.

Nicht-Ich: *(fröhlich)* Niemand kümmert sich darum.

Monitor geht aus.
Pützchen richtet sich auf, stöhnt.

Ich: *(heimlich zu Nicht-Ich)* Gibt es eine Anweisung, die Putzfrau betreffend.

Nicht-Ich: Ich glaube nicht, dass wir sie ohne Ärger loswerden.

Ich: *(seufzt)* Frauen gehen mir enorm auf die Nerven.

Nicht-Ich: Sie ist sehr zurückhaltend. Sie hat kein Wort gesagt, während du weg warst.

Ich: Das wäre auch noch schöner. *(zögert)* Ich erwarte Besuch.

Nicht-Ich: *(erstaunt)* Wen denn?

Ich: *(sofort verärgert)* Wen denn! Jemanden, von dessen Einfluss einiges abhängt.

Nicht-Ich: *(erfreut)* Das ist ein Erfolg.

Ich: *(immer wütender)* Natürlich! Was ist denn daran so außergewöhnlich. Ich hoffe, du reißt dich zusammen.
Nicht-Ich: Ich bin aufgeschlossen.
Ich: Darum geht es nicht.
Nicht-Ich: *(nickt)*

Im Hintergrund fährt eine Lokomotive in die unterirdische Halle ein. Aus dem Führerhaus der Lokomotive schaut ein älterer Mann heraus. Er ähnelt Sherlock Holmes und hat eine Pfeife zwischen den Zähnen. Er schaut gutgelaunt umher, ohne die beiden Brüder zu beachten.

Nicht-Ich: Ist er das?
Ich: *(panisch)* Ich habe keine Ahnung. Er sieht nicht so aus.

Die beiden beobachten unauffällig den Mann im Führerhaus der Lokomotive.

Ich: *(zunehmend erbittert)* Er ist es nicht. Das ist auch wieder nur so ein Manöver. Ich sag's dir. Man muss mit allem rechnen.
Nicht-Ich: Unheimlich.
Ich: *(leise)* Das ist nur ein Simulant. *(das letzte Wort kehrt als Echo aus dem Lautsprecher wieder)* -ant, -ant, -ant …

Als sei er ertappt, zieht sich der Mann hüstelnd vom Fenster zurück. Die Lokomotive fährt rückwärts aus der Halle.

Nicht-Ich: *(isst)*
Ich: Du frisst zuviel.

Vierte Szene

An einem Tischchen beieinander: Ich, Nicht-Ich, Pützchen und der Lokomotivführer, letzterer ohne Pfeife, ein Umstand, der zunächst unbeachtet bleibt.

ICH: *(eifrig)* Ich wäre zu gewissen Konzessionen bereit. Exemplarische Arbeiten in der Provinz, warum nicht? *(breitet Pläne aus)* Hier sehen Sie Entwürfe für eine Autobahnbrücke, eine Umgehungsstraße und, eine Art Kür, eine Mauer als Kunstwerk – letzteres … *(verliert den Faden)* nur so …

LOKOMOTIVFÜHRER: *(schaut ängstlich auf die Pläne)*

NICHT-ICH: *(nimmt die Pläne auf, nickt beeindruckt)*

ICH: *(mit bösen Blicken zu Pützchen hin)* Man muss sich was einfallen lassen. Mit mir kann man rechnen.

LOKOMOTIVFÜHRER: *(mit krächzender Stimme)* Ein Glas Wasser, bitte.

PÜTZCHEN: *(holt ein Glas Wasser)*

ICH: Ich könnte jederzeit ein Modell anfertigen, Maßstab Ihren Wünschen entsprechend.

LOKOMOTIVFÜHRER: *(nickt unruhig)*

ICH: Natürlich kenne ich Ihre Absichten nicht. Die gesamten Pläne für die Region, die Hauptstadt, den Zentralplatz sind ja nie veröffentlicht worden. Ich tappe also weitgehend im Dunkeln. Aber die Entwürfe, die Ihnen jetzt vorliegen, verbunden mit dem Informationsmaterial über die bereits gebauten Brückenanlagen, sollten Ihnen einen Eindruck geben. *(plötzlich misstrauisch)* Sie dürfen sich ruhig Ihre Pfeife anstecken.

LOKOMOTIVFÜHRER: *(fast unhörbar)* Ich rauche nicht. *(hustet)*

Unbehagliches Schweigen.

LOKOMOTIVFÜHRER: Gibt es hier Toiletten?

ICH: Natürlich. *(weist unbestimmt in eine Richtung)*

LOKOMOTIVFÜHRER: *(schaut sich um)*

PÜTZCHEN: Ein weiteres Glas Wasser?

LOKOMOTIVFÜHRER: *(sehr unruhig, schüttelt den Kopf)* Hat man hier mit Ameisen zu kämpfen?

NICHT-ICH: *(unerstaunt)* Das kommt vor, aber sie haben ja ihre Wege.

LOKOMOTIVFÜHRER: *(etwas belebter)* Ja.

ICH: Können Sie mit den Entwürfen etwas anfangen?

LOKOMOTIVFÜHRER: *(hustet)* Es hängt ja nicht von mir ab.

ICH: *(entmutigt)*

NICHT-ICH: Das ist meistens so.

PÜTZCHEN: Wir hoffen, dass Sie sich empfehlend äußern werden.

LOKOMOTIVFÜHRER: *(sieht Pützchen dankbar an)*

PÜTZCHEN: *(greift nach seiner Hand und streichelt sie)* So ist es gut.

LOKOMOTIVFÜHRER: *(nickt beglückt)*

ICH: *(gibt auf)* Das ist doch alles eine hundsgemeine Scheiße, eine verlogene abgekartete Hängepartie.

Ich beginnt, einen riesigen Joint zu drehen.
Die anderen sinken tiefer in ihre Sessel, beobachten ihn ängstlich.
Ich raucht.

Fünfte Szene

Im Hintergrund: Ich und Pützchen beim Geschlechtsakt. Rüde und unverliebt.
Vorn im Sessel: Nicht-Ich, wiederum etwas fetter.

NICHT-ICH: *(isst)*

Monitor geht an: das Kind, schaut in die Kamera.

STIMME: *(Lautsprecher)* Der IC Loreley wird heute um eine halbe Stunde früher verkehren, als es der Fahrplan vorsieht. Wir bitten alle Fahrgäste, ihr Gepäck zu beaufsichtigen. Wir warnen weiterhin vor Polizeihunden.

Ein Zug in der Ferne.

Sechste Szene

Ich, Pützchen und Nicht-Ich.

Ich: Wir werden das ganz anders angehen. *(zu Pützchen)* Du hast recht, wenn du meinst, ich habe mich viel zu lange hinhalten lassen.

Pützchen: *(begeistert)* Ja.

Ich: *(gerührt)* Ich bin dir sehr dankbar.

Pützchen: Manchmal braucht es einen kleinen … *(neckisch)* Stoß von hinten.

Ich und Pützchen: *(lachen etwas aufgesetzt)*

Nicht-Ich: *(isst)*

Ich: Jedenfalls ernte ich bereits Früchte des neuen Geistes. Ich stehe mit dem Ingenieur an diesem kleinen Fluss, der durch das Prominentenviertel führt, immer hinter den Hinterhöfen, dass niemand hinsieht, denn der Fluss ist ja eine Kloake. Eine Kloake, sage ich euch! Und das sage ich auch dem Ingenieur vom städtischen Bauamt. ›Das ist eine Kloake!‹, sage ich. ›Zubetonieren. Das stinkt zum Himmel. Deckel drauf, und Bauland erschließen.‹ *(lacht laut)* Was natürlich unmöglich ist. Aber ich kümmer mich einen Scheißdreck darum. ›Was bauen wir? Vielleicht einen großen Überwachungsturm?‹, sage ich. ›Von da oben könnte man alle zwielichtigen Gestalten auf ihrem Weg durch die Stadt verfolgen, das käme Ihnen doch sicher zupass. Sie denken‹, fahre ich fort, ›dass ich mich hier um Kopf und Kragen rede, aber täuschen Sie sich nicht. Ich habe Kontakte, von denen Sie keine Ahnung haben. Kommen Sie mir also nicht dumm.‹ Ich sehe: Er ist verunsichert. ›Vielleicht‹, sage ich, ›wird so ein Turm auch gebaut, damit von dort oben alle Angestellten der städtischen Dienste verfolgt werden können, also Sie – und ich – und ich weiß nicht, wer noch: all die Stubenhocker, die da in ihren Büros herumlümmeln und verstaubte Archivakten durchsehen, weil es zum Beispiel darum geht, herauszufinden, ob auf einem Grundstück, auf dem nun ein Hochhaus gebaut werden soll, vielleicht einmal eine Tankstelle gestanden hat und alles verseucht ist. Denn, mein Gott, da kämen ja im Fall eines Falles Schadensersatzklagen auf die Stadt zu, nicht wahr! Aber diese Stubenhocker, sage ich Ihnen, die sind eine Gefahr, weil die explodieren eines Tages. Dann bricht der Krebs nach außen, und dann? Nun, und da muss vorgebeugt werden. Deshalb der Turm. Deshalb diese Kloake zubetonieren.‹

PÜTZCHEN: *(sehr animiert)* Das ist großartig.

ICH: Der Mann nickt. Aber … *(stockt)* Er sieht mich prüfend an. Ich bin nicht sicher, ob meine kleine Rede ihren Zweck erfüllt hat. Ich hole schließlich mein Telefon aus der Tasche, ich tu so, als ob ich dringend telefonieren muss, ich trete beiseite. Als ich mich umdrehe, ist er schon weg.

Schweigen.

PÜTZCHEN: *(freundlich)* Trotzdem.

ICH: *(gemein)* Was so ein Fick ausmacht.

Ich zieht sich einen Mantel über, fährt mit dem Aufzug nach oben, verschwindet.

PÜTZCHEN: *(pfeift vor sich hin)*

NICHT-ICH: Er steht stark unter Druck.

PÜTZCHEN: *(gutgelaunt)* Er ist eine Dampfmaschine, mit defektem Ventil. *(sieht sich unbestimmt um)*

NICHT-ICH: *(folgt ihrem Blick)* Es müsste mal wieder geputzt werden.

Pützchen: *(ungerührt)* Ja.

Nicht-Ich: Könntest du mir … *(das Aufstehen strengt ihn zunehmend an)*

Pützchen: Ein anderes Mal. *(verschwindet in die Versenkung)*

Nicht-Ich: *(allein)* Mir geht's ja sehr schlecht. Ich habe nicht aufgepasst. Ich hätte mich bemerkbar machen müssen. Ich stehe mit einem Fuß im Grab. Jeder schaut zu, aber niemanden kümmert's.

Monitor geht an: Penelope.

Penelope: *(auf dem Bildschirm)* Ist er weg?

Nicht-Ich: *(reißt sich zusammen)* Ja.

Penelope: Du wirst immer fetter.

Nicht-Ich: Ja.

Penelope: Ich will ihn sprechen. Wenn er einmal bei Sinnen ist.

Nicht-Ich: Ich sag's ihm.

Penelope: Das Kind hat das Bedürfnis, ihn kennen zu lernen.

Nicht-Ich: *(schweigt)*

Penelope: Entgegen anderslautenden Berichten leg ich einer Begegnung der beiden keine Steine in den Weg.

Kurze Pause zwischen der sechsten und der siebten Szene

Stimme: *(Lautsprecher, währenddessen)* Please hold the line … please hold the line … please hold the line …

Siebte Szene

Ich stürmt herein, wirft sich neben Nicht-Ich auf das Sofa.

Ich: *(animiert)* Ich sage dir, man muss einen unbefangenen Blick behalten. Dann sehen die Dinge anders aus. Und man kommt den Verbrechern auf die Spur. Wo ist Pützchen?

NICHT-ICH: *(schaut unbestimmt umher)*

ICH: Aber es ist grauenerregend zu erfahren, wie alles zusammenhängt. Ich wollte es nicht wissen.

NICHT-ICH: *(zögernd)* Sie ist …

ICH: Aber jetzt sollte ich Kapital daraus schlagen.

NICHT-ICH: Willst du Anzeige erstatten?

ICH: *(zurückhaltend)* Nein, nein.

NICHT-ICH: *(widerwillig)* Wer weiß! Vielleicht geschieht alles in deinem Interesse …

ICH: *(sieht Nicht-Ich argwöhnisch an)* Das ist ja erstaunlich!

Der Aufzug kommt herabgefahren. Die Tür öffnet sich: Niemand.

ICH: *(wieder wild)* Ich betrete diesen gläsernen Turm! Ich sehe die Schlangen vor den Ausgabeschaltern. Sieh dir genau an, wie die Dinge funktionieren, sage ich mir!

NICHT-ICH: Du bist so erregt.

ICH: Ein Schwarzer fällt mir auf. Er schaut mich mit weit aufgerissenen Augen an. ›Nun haben Sie mich entdeckt‹, sagt er, als wär ich ein Journalist, der in ihm den dreihunderttausendsten Gastarbeiter begrüßen will. ›Ich habe einen Termin‹, sagt er. ›Denken Sie sich! Ich allein! Ich weiß: Was ist mit all den anderen, die auf eine Chance warten … Aber einmal muss doch auch ich an die Reihe kommen, nicht wahr? Kommen Sie mit. Ich habe nichts dagegen. Nachher gehen wir einen trinken. Zuvor aber‹, sagt er leise, ›muss ich diesen Riesenschiss loswerden.‹ – ›Ich warte‹, sage ich. Ich sehe Leute mit Luftballons, die ihnen bei den Schaltern ausgehändigt worden sind. *(verachtungsvoll)* Wie glücklich sie aussehen! *(schüttelt den Kopf)*

NICHT-ICH: Lass doch.

ICH: *(unbeirrt)* Der Schwarze kommt vom Klo. Er hat den Reißverschluss seiner Hose offen gelassen. *(abweisend)* Das ist seine Angelegenheit. Er zeigt zur Treppe. Ich folge ihm. In der zehnten Etage, wir sind inzwischen völlig aus der Puste …

NICHT-ICH: Ich hätte längst schlappgemacht.

ICH: In der zehnten Etage sagt er: ›Nun bleiben Sie ein wenig hinter mir.‹ Ich drücke mich unterhalb des Treppenabsatzes in eine Nische. Er geht weiter und verschwindet oben. Jetzt höre ich ihn rufen: ›Herr Doktor Nepomuk! Ich bin so froh, dass Sie mir diesen Termin geben konnten! Ich bin sicher, dass ich mich von einer Seite zeigen kann, die Sie nicht für möglich gehalten hätten!‹ Ein schlechter Anfang. Ich höre eine metallische Stimme antworten. ›Kein schöner Land …‹, sagt die Stimme. ›Aha‹, höre ich den Schwarzen antworten. ›Natürlich bin ich in jeder Hinsicht lernbereit. Was das betrifft: geradezu nimmersatt …‹ Er lacht. Und die metallische Stimme lacht mit und entgegnet, als schmeichle sie dem Schwarzen: ›Vor oder zurück, es ist alles dasselbe.‹ Und der Schwarze: ›Können wir in diesem Punkt übereinkommen?‹ Und der andere, der Doktor, der Mensch mit der metallischen Stimme: ›Natürlich, natürlich! Gehen Sie nur da lang.‹ Der Schwarze wiehert vor Freude. Ich kann nicht erkennen, dass ihn das Gespräch begünstigt, aber er scheint es zu denken. ›Darf ich Ihnen, Herr Doktor Nepomuk, einen Freund vorstellen? Ganz unverbindlich …‹ Ich ducke mich, aber dann strecke ich – was soll's denn auch? – meinen Kopf über den Treppenabsatz in die Höhe. Da ist der Schwarze. Er lächelt mir so silbrig entgegen, als sei er verliebt in mich. Aber in Wahrheit geht sein Blick glatt durch mich hindurch. *(ausbrechend)* Was hat er denn nur! *(verhaltener)* Der andere, ein Mann in grauem Anzug, aber mit einer schwarzen, kreisrunden Kapuze über dem Kopf …

NICHT-ICH: *(panisch)* Ich bin dabei.

ICH: … sieht mir erwartungsvoll entgegen. Ich denke: Es ist, als kenne er mich! ›Das haben wir doch gut hingekriegt‹, sagt er zu mir. Ich spanne alle Muskeln an, um mich in meiner Haut zu bewahren. Um der zu bleiben, der ich bin. Sind wir verabredet, denke ich panisch? Ich spüre einen Sog, als sei der Mann in dem grauen Anzug eine Kraftmaschine. Das beängstigt mich kolossal, aber es beeindruckt mich auch!

NICHT-ICH: Mich hätte es nur beängstigt.

ICH: ›Geben wir ihm eine Chance‹, sagt Dr. Nepomuk zu mir und deutet auf den Schwarzen. ›Juchhu!‹ brüllt der. ›Ich heiße Jim, ich heiße Jim!‹ Und er ruft: ›Ich hole mir dann unten die Wertmarke!‹ Er reißt dem Mann, dessen Augen unter der Kapuze wie die einer Schlange schillern, fast die Hand aus und eilt zur Treppe. Aber der Mann hält ihn auf. ›Trakt sieben‹, sagt er streng und weist auf den Fahrstuhl. Und da verliert der Schwarze plötzlich all seinen Elan, ja, es ist, als sei er über einen Ast gestolpert, von dem er, wie er jetzt merkt, hätte wissen müssen, dass er im Weg liegen würde. Er steht erstarrt, wird sehr unruhig, sehr traurig. ›Ich dachte, es ist vergeben und vergessen‹, sagt er. Aber der Mann im grauen Anzug, mit der schwarzen Kapuze über dem Kopf, *(wild)* der *Allesbeherrscher*, wie ich auf einmal denke, Dr. Nepomuk, weist unmissverständlich auf den Fahrstuhl, und die Tür des Fahrstuhls öffnet sich.

NICHT-ICH: *(unruhig)* Und?

ICH: *(widerwillig)* Ich hab's zu spät kapiert. Der Schwarze ist dann zum Fahrstuhl. Bevor er hinein ist, sagt er noch: ›Goodbye, Jim!‹ Jetzt kapiere ich plötzlich! Ich bin aber wie gelähmt. Ich höre mich ›Eins, zwei, drei!‹ sagen, da ist er schon über die Schwelle, und ich sehe ihn bei offener Tür in die Tiefe stürzen. Ohne einen Laut. Als ich wieder hinsehe, ist die Fahrstuhltür geschlossen. Dr. Nepomuk schaut mich neugierig an. ›Wir werden weiter nichts miteinander zu tun haben‹, sagt er freundlich. *(verächtlich)* Freundlich ... Er hält kurz inne, als warte er auf eine Antwort, dann dreht er sich um und läuft den Gang entlang davon. Seine Schritte hämmern auf den Fliesen, als trage er Hufeisen. Nachträglich ist mir, als sei unter der Kapuze außer den Augen, den *Schlangenaugen*, gar kein Gesicht gewesen.

NICHT-ICH: Das ist ja grauenhaft.

ICH: *(verärgert)* Grauenhaft, grauenhaft … Das sind die Realitäten!

NICHT-ICH: Und Jim?

ICH: Ich bin die Treppen runter. Ich bin *(nachdrücklich)* geflogen! Aber …

NICHT-ICH: Aber?

ICH: Ich habe mich verirrt. Ich bin in einen anderen Gebäudetrakt geraten. Als ich endlich wieder nach draußen finde, stelle ich fest, dass ich in einer Nebenstraße gelandet bin. Herrgottskommende heißt die Straße …

NICHT-ICH: *(wütend)* Das ist doch ein Witz.

ICH: *(gehetzt)* Ich laufe um den Turm herum nach vorn. Die Drehtür: arretiert. Drinnen: alles dunkel. Sperrstunde. Ich sehe durch die Glasscheiben hinein in die Flure. Da sind die Fahrstühle: zwei graue, abweisende Türen. Davor eine Absperrung: Reparaturarbeiten. Keine Spur, *(wirft die Arme)* kein Gramm Fett, keine Ahnung …

Pause.

NICHT-ICH: *(mit unverhohlener Verachtung)* Du bist mir einer.

ICH: Sieh's mir nach. *(erledigt)* Ich gebe auf.

Achte Szene

Ich, allein.

ICH: Wo ist Pützchen?

Güterzüge, oberirdisch.
Monitor geht an: Ich, der auf die Imbissbude zuhastet. Regen. Unter einer Brücke ein kleiner, offenbar stark verschmutzter Fluss.

Ich: *(beobachtet sich selbst auf dem Monitor)* Wer in den Fluss springt, der erstickt, so verdreckt ist er.

Auf dem Monitor: Ich lehnt sich über ein Geländer, ruft etwas, das man nicht versteht.

Ich: Ob ich mich jemals wieder hinauswage? Das ist ja eine ganz gnadenlose Geschichte.

Monitor geht aus.

Ich: Wo ist Pützchen?

Im Hintergrund, unbemerkt: Pützchen. Sie entdeckt Ich, geht auf Zehenspitzen wieder ab.

Ich: Wär ja Unsinn zu meinen, mir wär ein besseres Schicksal beschieden.
Stimme: *(Lautsprecher)* Siebzehn, bitte drei für sechsunddreißig!

Monitor geht an: Penelope.

Penelope: Du siehst schlecht aus.
Ich: *(schweigt)*
Penelope: Es läuft nicht alles, wie es soll.
Ich: *(schweigt)*
Penelope: Das wundert mich nicht.
Ich: Du hast alles vorausgesehen, nehme ich an.
Penelope: Das war nicht schwer.
Ich: Ich bewundere deinen Scharfsinn.
Penelope: Wer alle Warnungen in den Wind schlägt …
Ich: Ich äußere mich dazu nicht.

Pause.

PENELOPE: Das Kind will dich sprechen.
ICH: Wie alt ist es denn inzwischen?
PENELOPE: Acht Jahre alt.
ICH: *(geschockt)* Acht Jahre alt?
PENELOPE: Natürlich.
ICH: Wie kann denn das sein? Du bist doch erst vor wenigen Wochen fort.
PENELOPE: *(lacht)* Vor wenigen Wochen!
ICH: *(plötzlich interessiert)* Habe ich die Jahre verschlafen?
PENELOPE: *(plötzlich freundlich)* Das ist möglich.
ICH: Aber das ist ja phantastisch! Ein Dornröschenschlaf.
PENELOPE: *(schweigt)*
ICH: Und was nun?
PENELOPE: Das Kind will sich über bestimmte Fragen mit dir beraten.
ICH: Als da wären?
KIND: *(taucht neben Penelope auf)* Ich muss mich entscheiden, ob ich in der zehnten Klasse Französisch oder Griechisch als dritte Fremdsprache wähle.
ICH: In der zehnten Klasse?
KIND: Ich komme in die zehnte Klasse.
ICH: *(verwirrt)* Wie alt bist du denn?
KIND: Fünfzehn.
ICH: *(schweigt)*
PENELOPE: Siehst du?
ICH: Ich verstehe dieses Leben nicht.
PENELOPE: Weil du dich immer gegen dieses Leben gewehrt hast.
ICH: *(verärgert)* Ich habe mich gegen dich gewehrt. Das ist nicht unbedingt dasselbe.
PENELOPE: Du hast dich gegen mich gewehrt und doch um Liebe gebettelt. Und beides gleichzeitig. Wie soll das ein Mensch aushalten?
ICH: *(schweigt)*
PENELOPE: Ich mache dir keinen Vorwurf daraus. Jeder steckt in seiner Haut.

Ich: Ich wollte, dass du mich liebst. Aber als es so weit war … *(bricht verlegen ab)*

Penelope: Ich beginne, dich zu verachten.

Ich: *(isst etwas, das Nicht-Ich liegengelassen hat)* Das kommt dir nur so vor.

Penelope: Ich könnte dich nicht mehr anfassen.

Ich: Das unterliegt den Gesetzen des Momentes und kann jederzeit einen neuen Anfang nehmen.

Penelope: *(nach einer Pause, einfach)* Meine Solidarität wäre sehr weit gegangen.

Ich: *(isst)*

Kind: *(hat gleichgültig zugehört, zuckt mit den Achseln)* Französisch ist eine lebendige Sprache, Griechisch eine tote. Aber wenn ich zum Beispiel Medizin studieren will, dann kann es von Vorteil sein, sich mit der toten Sprache beschäftigt zu haben.

Ich: Wer ist der Vater des Kindes? Ich habe in den Jahren ein bisschen den Überblick verloren.

Penelope: *(lügt)* Ich habe die Kalender noch einmal überprüft: Du nicht.

Ich: *(zwiespältig)* Also doch.

Monitor geht aus.

Ich: Griechisch ist strukturell eine interessante Sprache. Aber jede Sprache ist interessant, weil sich in ihr ein fremdes Denken manifestiert. Zum Beispiel gibt es im Griechischen den Aorist. Das ist eine Verbform, neben Aktiv und Passiv, die wir in unserer Sprache gar nicht kennen. Lernst du Französisch, wirst du nie wissen, was der Aorist ist. Die Schrift lernen zu müssen, ist natürlich lästig, aber sie ist auch geheimnisvoll und malerisch. Mir hat es Vergnügen gemacht, die Schrift zu lernen. Außerdem ist es nicht das Schlimmste. Manche Buchstaben kennst du bereits aus der Mathematik. Also, mach dir darüber keine Sorgen! Ob ich die Literatur, die du dann lesen wirst, uneingeschränkt empfehlen kann, das weiß ich nicht. Ist ja auch alles in einen seltsamen Kontext geraten, durch die … *(wird sehr müde)* Humanisten … *(schläfrig)* Komm mir nicht mit so etwas. Ein hübsches Kind. Wenn ich der Vater wäre, würde ich der Mutter was husten.

Neunte Szene

Ich putzt. Nicht-Ich, im Sessel.

Nicht-Ich: *(atmet schwer)* Ich habe dich im Stich gelassen.
Ich: Ich hatte keine Erwartungen an dich.

Pützchen tritt auf.

Ich: *(lauernd)* Ich habe verschiedene neue Kontakte geknüpft.
Pützchen: *(schaut)*
Ich: Vertraglich geregelt ist nichts. Für manche Projekte bin ich bereits zu alt.
Pützchen: Das ist mir egal.
Ich: *(schweigt)*
Pützchen: Auge um Auge, Zahn um Zahn. Treue gibt es nicht. Ich bin die Treppe hinaufgefallen, da kann ich keine Rücksicht nehmen. Und es wäre gut, wenn du dir über deine reale Situation klar würdest.
Ich: Gut gesagt.
Pützchen: Der Chef ist auch der Meinung.
Ich und Nicht-Ich: *(im Chor)* Der Chef?
Pützchen: *(stolz)* Der Chef.
Ich: *(bedeckt)* Hat er sich geäußert?
Pützchen: Er muss sich nicht äußern. Ich habe den Blick dafür. Ich weiß, was er denkt. Und ich kann euch sagen … *(droht)*
Ich: Ja, was denn! Ja, was denn! *(lacht)* Was solltest du schon

wissen? Eine hysterische Kuh wie du. Die Fickerei war auch nicht das Tollste.

PÜTZCHEN: *(wütend, aber beherrscht)* Sex ist nur ein Aktivposten unter anderen.

ICH: Und nun? Machst du ein Café auf? Gründest du eine Putzfirma? Einen Massagesalon?

PÜTZCHEN: Immerhin habe ich den toten Ort verlassen.

ICH: *(höhnisch)* Das wird man sehen.

PÜTZCHEN: *(mit plötzlich synchronisierter männlicher Stimme)* Ruhe jetzt!

ICH: *(verwirrt)*

PÜTZCHEN: *(weiterhin synchronisiert, herrisch)* Soweit, so gut!

ICH: *(panisch)*

PÜTZCHEN: Über manche Dinge soll man nicht reden! Haltet euch daran!

NICHT-ICH: Es war nicht so gemeint.

PÜTZCHEN: Wartet nicht bis zum letzten Moment!

ICH: Stell das ab!

PÜTZCHEN: Der Stimme des Chefs entgeht niemand! Was glaubt ihr!

Pause.

PÜTZCHEN: *(wieder mit normaler Stimme)* Ich könnte mich schon für dich verwenden. Aber du bist ja nur noch ein Gerippe.

Monitor geht an: das Kind.

KIND: *(gern denkend)* Französisch kann man immer noch lernen. Ich bin intelligent. Wenn ich ein halbes Jahr in Paris lebe, kann ich Französisch.

ICH: *(abgelenkt)* Das glaube ich auch.

KIND: Du solltest mir besser zuhören.

ICH: Du hast mich auf dem falschen Fuß erwischt.

KIND: Dahin sollte es nie kommen.

Ich: Da hast du Recht.

Kind: Ich habe darüber nachgedacht: Mit einem homosexuellen Vater zum Beispiel würde ich nichts zu tun haben wollen.

Ich: *(abgelenkt)* Sensationell.

Kind: Aber die Mutter auszuhalten, ist auch nicht immer einfach.

Ich: *(für sich)* Was das betrifft, könnten wir uns verständigen.

Kind: *(schweigt)*

Ich: *(bemüht)* Ich habe mich damals fürs Griechische entschieden. Ich musste nicht lange überlegen. Mein Vater war Griechischlehrer.

Kind: So einfach würde ich es mir nicht machen wollen.

Monitor geht aus.

Pützchen: Auf was für einen Zug willst du denn da aufspringen?

Zehnte Szene

Güterzüge, oberirdisch.
Ein Arzt läuft im Hintergrund vorbei, er scheint unter dem Kittel nackt zu sein.
Nicht-Ich isst.

Nicht-Ich: *(schreit laut und panisch)* Essen! Gebt mir zu essen! Ich verhungere.

Pützchen mit einem riesigen Paket.

Pützchen: *(nebenbei)* Das sind Töne, die hier niemand hören will.

Nicht-Ich: Öffnet das Tor für mich. Ich will heimkommen.

Pützchen: *(im Abgehen)* Das wünscht sich so mancher. Der Chef hat dafür keine offenen Ohren.
Nicht-Ich: Der Chef, der Chef … Aber an deiner Fotze hat er Gefallen gefunden.
Pützchen: *(stolz, naiv)* So sieht's aus.
Nicht-Ich: Wenn ich mich nur besser auskennen würde.

Pützchen mit Aufzug ab.
Mörtel fällt von der Decke.
Ein Vogel fliegt durch den Raum.

Nicht-Ich: Wär ich nur nicht gebunden!

Ich tritt auf.

Ich: Wenn du nicht endlich mit der Fresserei aufhörst!
Nicht-Ich: *(brüllt)* Essen! Gebt mir was zu essen. Lasst mich nicht verhungern!
Ich: Du bist ja noch wahnsinniger als ich.
Nicht-Ich: Ich hab's mir nicht ausgesucht. Ich bin auch nur hier, weil ich vom Himmel gefallen bin. Essen, essen …
Ich: Was ist das für ein Paket? *(ab durch die Versenkung)*

Der Vogel fliegt durch den Raum.
Im Hintergrund taucht der Lokomotivführer auf, offenbar orientierungslos. Er schaut scheu umher. Er entdeckt Nicht-Ich, erschrickt, fasst sich aber. Er kommt nach vorn.

Lokomotivführer: *(schaut neidisch auf das Essen)*
Nicht-Ich: Da bin ich nicht sehr freigebig. *(gibt etwas ab)*
Lokomotivführer: Leberwurst.
Nicht-Ich: Mh.
Lokomotivführer: *(isst langsam)*
Nicht-Ich: Vielleicht können wir noch einmal auf die Fragestellung zurückkommen …
Lokomotivführer: *(schaut ängstlich)*

Nicht-Ich: Ich bin natürlich nicht der geeignete Verhandlungsführer. Aber wenn ich mich einmal für meinen Bruder stark machen darf: Ich halte ihn wirklich für sehr talentiert.

Lokomotivführer: *(nickt ängstlich)*

Nicht-Ich: Ich meine, es wäre an der Zeit, dass ihm eine wirklich herausfordernde Aufgabe übertragen wird, damit er sich angemessen bewähren kann. Ich selbst *(lacht)* hätte keine Lust dazu, aber er wartet doch schon recht lang.

Lokomotivführer: Gibt es eine Toilette?

Nicht-Ich: Natürlich. *(weist unbestimmt nach hinten)*

Lokomotivführer: Und könnte ich … könnte ich …

Nicht-Ich: Sie wollen ein Glas Wasser.

Lokomotivführer: *(nickt)*

Nicht-Ich: *(etwas ratlos, weil er sich nicht mehr erheben kann)*

Lokomotivführer: Die Frau … die …

Nicht-Ich: Die Frau …

Lokomotivführer: *(lacht kindlich)* Sie war nett.

Nicht-Ich: *(nickt unbestimmt)*

Ich tritt auf.

Ich: Für schmutzige Leute ist hier kein Platz.

Lokomotivführer: *(versinkt)*

Nicht-Ich: Ob das der richtige Ansatz ist, wenn es um eine Verständigung geht?

Der Vogel fliegt durch den Raum.

Stimme: *(Lautsprecher)* Verdächtiges Handgepäck bitte sofort melden. Der Aufenthalt unter schweren Lasten ist bei Strafe verboten. Kinder haften für … Verzeihung, ich korrigiere: Eltern … Der IC Loreley hat siebzehn Stunden Verspätung.

Elfte Szene

Nicht-Ich, absurd fett, stirbt. Ich und Pützchen bei ihm.

NICHT-ICH: *(röchelnd am Boden)* Ich habe nicht rechtzeitig … ich habe nicht rechtzeitig …
ICH: *(Pause)* Hör mal, du darfst mich nicht …
NICHT-ICH: *(Pause)* Nichts.
PÜTZCHEN: *(Pause)* Na, das war ja zu erwarten.

Nicht-Ich verwandelt sich in einen silbernen Prinzen.

PÜTZCHEN: *(Pause)* Raus mit ihm.

Zwölfte Szene

Ich an Nicht-Ichs Platz, isst.
Monitor geht an: Penelope, schwanger.

ICH: Wenn ich wüsste, dass du mich in Erinnerung behältst.
PENELOPE: Wozu sollte das gut sein?
ICH: Ich weiß es nicht. Es ist das einzige, was mich interessiert. Ich selbst bin schon nicht mehr da. Ich will nur in Erinnerung bleiben, sonst nichts.
PENELOPE: *(einfach)* Ich soll mich nach dir sehnen, ich soll von dir träumen, ich soll in dir den größten Verlust meines Lebens sehen. Alles das ist dir lieber, als einen Moment wahren Lebens zu erfahren. Ist es so?
ICH: So ist es.
PENELOPE: Warum ist es so?
ICH: Für das wahre Leben bin ich zu … *(sucht nach dem richtigen Wort)* klein.
PENELOPE: *(lacht)*

Ein langer Zug in der Ferne.

Ich: *(gibt auf)* Ich transpiriere.
Penelope: Wechsel das Hemd.

Dreizehnte Szene

Ich an Nicht-Ichs Platz, isst. Er ist fetter geworden.

Ich: Ich bilde mir nicht ein, dass die Dinge besser werden. *(Pause)* Es ist absurd, nur in der Erinnerung existieren zu wollen. Was für ein trauriges kindliches Bedürfnis! Ich will berühmt sein, und müsste ich dafür sterben. Denn sterben und erinnert sein, das ist besser als leben und vergessen werden.

Lärmende Güterzüge, oberirdisch.

Stimme: *(Lautsprecher)* OP vorbereiten. Saal drei. Blinddarmentzündung. Fortgeschrittenes Stadium. Sepsis, Schockgefahr.
Ich: *(im Zwiegespräch mit dem Vater)* ›Warum muss man sterben, Vater?‹ – ›Nun, das ist einmal so.‹ – ›Und kann man gar nichts dagegen machen?‹ – ›Manche Menschen leisten Großes, dann sterben sie nie, im Angedenken der anderen Menschen. Erst wenn die Sonne verlischt, die Erde aus der Bahn kommt, dann werden auch sie vergessen sein. Aber dann … dann …‹ – ›Ja, was ist dann? Nun schweigst du.‹ – ›Wen interessiert das, Kind?‹ – ›Mich, mich interessiert das.‹ – ›Zu irgendwas wird es gut sein. Das Weltentheater.‹ *(mit sich allein)* Was sind das für Tränen? Das sind doch nur die Tränen des Selbstmitleids. Dafür gibt es kein Verständnis und braucht es kein Verständnis.

Monitor geht an: das Kind.

Kind: Ich habe mich entschieden.

Ich: Gut. Und wie?
Kind: Ich wähle Französisch. Zuletzt ist es eine lebendige Sprache.
Ich: Das ist eine gute Entscheidung.
Kind: Und du? Hast du dich auch entschieden?
Ich: Ja.
Kind: Und wie?
Ich: *(schweigt)*

Pause.

Kind: Was ist das für ein Paket?

Ich öffnet das Paket: Modell der Bühne, Figuren in der Kleidung der Darsteller.
Das Licht konzentriert sich auf das Modell.

Adoption

Erster Teil

1

Ich, George, höre die *Stimmen* nebenan. So auch die aufgebrachte, keifende Stimme meiner Mutter. Etwas Wichtiges wird verhandelt! Gewiss betrifft es auch mich, aber ich zögere hinüberzugehen.
Wird sie mich rufen, wenn es soweit ist?
Ich lege das Kartenspiel aus. Der Pik-König blendet, ein Sonnenstrahl reflektiert. »Voran«, sagt das Wetter. »Voran!« Ich denke aber, ganz im Gegensatz, das Wetter zum Beispiel zeigt dir sehr genau, dass alles, was du tust, vor der Ewigkeit nichts ist.
Ich behalte meine Pläne fürs erste für mich.
Ich lege die Karten um, mit Sorgfalt. Ich befolge die Regeln, auch wenn niemand zuschaut. Ich tu, was ich tu, gern ordentlich. Oft verliere ich jedes Zeitgefühl. Ich werde lernen müssen. »Meinen Rhythmus solltest du dir nicht zum Vorbild nehmen«, sagt auch mein Vater zu mir.
Geh hinüber, George!
Hier in meinem Zimmer, gleich neben der Küche, bin ich inmitten meines eignen Kreises mein eigner Herr. Hier lege ich die Hände flach auf die Tischplatte – wenn sie nicht die Karten halten –, verfolge die kleinen, unwillkürlichen Bewegungen der Finger und *bin bereit, in Erwartung …*
Nichts passiert! Ich horche.
Die Gedanken, die in meinem Zimmer Jagd aufeinander

machen, sind heute, Montag, Gedanken des Alltags. Aber wie rasch, denke ich, kann sich das ändern.
Ich möchte den Kreis meiner Gedanken nicht verlassen.
Aber es ist notwendig, George!
Als ich jünger war – ich bin siebzehn! – konnte ich mit Hilfe einer eigenen Technik durch Wände sehen. Die Bilder, die mir geblieben sind, zeigen hinter transparenten Wänden Menschen, die Tierfüße haben, Menschen, die auf dem Kopf stehen. Was ich sah, war nicht das, was ist, aber ich sah es deutlich. Ich habe die Technik aufgegeben. Ich weiß, die Zeit ist vorbei. Es war eine schwierige Technik, ich musste den Kopf tief auf die Brust drücken und gleichzeitig die Augen in die Höhlen hinauf drehen. Es tat weh – bis zu dem Moment, wenn die Wand durchsichtig wurde, dann spürte ich mich selbst nicht mehr.
Ja, das ist vorbei. Ich bin traurig darüber, aber ich habe auch gewonnen, zum Beispiel an Körperkraft.
Die Technik entdeckte ich allein, niemand hat sie mir gezeigt. Ich habe nie versucht, sie jemand anderem beizubringen.
Ob ich davon profitiert habe? »Schau nicht so garstig drein«, sagt zum Beispiel die Mutter. Aber ich schaue so, weil ich unwillkürlich auf das horche, was hinter der nächstgelegenen Wand vorgeht. Das ist die Gewohnheit, die geblieben ist.
Die Gedanken des Alltags: Heute ist noch niemand mit dem Vater hinausgefahren, in den Ecken des Zimmers liegen Staubflocken, die Tastatur des Klaviers hingegen ist frisch poliert.
Schon in der Frühe war zu spüren, dass heute ein wichtiger Tag ist. »Wir bekommen Besuch«, hat die Mutter gesagt.
Alltag: gleiche Wege, über das Feld zum Fluss, Blick auf die Pferde, ich begleite meinen Bruder ein Stück des Wegs zur Stadt, die Schöße seines Jacketts fliegen. Wir wechseln Worte, Überlegungen. (»Warum kann man sich an die Zukunft nicht *erinnern?*«) Bald verlässt er uns, daran denken wir alle unablässig!
Drei Karten passen übereinander. Ich nehme den Pik-König

aus dem Sonnenstrahl. Der Sonnenstrahl trifft jetzt auf die Holzplatte des Tischs. Ein dunstiger Tag, aber der eine Sonnenstrahl hält sich beharrlich zwischen den Nebelfeldern. Er legt seinen Finger auf meine tastende Hand.
»Nie erzählst du etwas!«
Ah, verdammt! Vor die Wand gerannt! Zu rasch aufgestanden, ruckartig zur Seite gedreht: In die Wand gerannt! Das Blut tropft aus der Nase über die Hand … Ich behalte meine Pläne für mich, weil ich sie nicht gefährden will. Ich habe bemerkt, dass es die Pläne zerstören kann, spricht man sie aus. Sie zerschellen am Ohr dessen, der zuhört. Weiter nichts, kein Wort des Zweifels, kein Wort der Ablehnung, aber die Bilder, eben noch wahr, fliegen durch die nachklingenden Worte davon, und das Herz zieht sich zusammen.
Ich halte ein Tuch unter die Nase.
Ich stehe in der Ecke, beim Fenster, neben dem Waschbecken. Das Wasser läuft, ab und zu bücke ich mich hinunter.
Pläne bedeuten Arbeit, tägliche Zuwendung. Sie vor Gefährdung schützen ist nur das eine. Sie nähren das andere.
Wenn die Blutung aufgehört hat, werde ich hinübergehen.
Der Schmerz lässt schon nach.

2

Das Klavier ist magisch. Das ist ihm nicht direkt anzusehen, es ist ein altes, schwarzes Klavier, wie es tausende gibt. Aber manchmal spricht es. Und in frühen Morgenstunden, zwischen Schlaf und Wachen, ehe ich einen meine Person betreffenden Gedanken gefasst habe, gelingt es mir (ein Rest der kindlichen Fähigkeit zu zaubern!), einen Ton zum Anschlag zu bringen, ohne die Tastatur zu berühren. Ich liege im Bett, habe die Tasten deutlich vor Augen, hebe die Hand, in der Vorstellung oder auch tatsächlich: Es erklingt ein Ton! Meist das tiefe c, auch wenn ich eine ganz andere Taste vor Augen hatte …

Ich halte die kindliche Fähigkeit zu zaubern nicht mehr für so wichtig, wie ich sie einmal wichtig fand. Ich bin eben ein anderer geworden, als ich's war. Zu jeder Zeit gilt es, etwas anderes zu lernen.
»Warum lernen«, sagt das Klavier, ich weiß nicht: neckisch oder verdrossen.
»Die Menschheit entwickelt sich. Durch die einzelnen Individuen hindurch lernt der Mensch als solcher.«
»Durch dich?«, sagt es, in diesmal klar erkennbarer Haltung: spöttisch! »Durch dich? Auch durch dich?«
»Darum muss ich auf alles gefasst sein.«
Schlag ich wirklich eine Taste an, wiederum, kommt es vor, dass gar nichts erklingt! Ich lasse dem Instrument diese Grillen.
In manchen Nächten verwandelt sich das Klavier in einen weißen Flügel. Es steht im gespenstischen Scheinwerferlicht eines von allen verlassenen Gartenfests unter einem Baum. Ich lache es aus, weil es so eitel ist, und werfe mit Plastikbällen nach ihm. Die grünen, roten und blauen Plastikbälle rollen über den glänzend weißen Deckel. Alles in allem ein inspiriertes, Lust machendes Bild!
Kommt die Zeit, wird es verkauft.

3

Ich lehne im Fensterrahmen, immer noch das Tuch gegen die Nase gedrückt. Leichte Nebelschwaden ziehen über das Feld. Die Pferde, die im milchigen Licht bläulich wirken, ruhen, grasen, traben einander nach. Der Blick aus dem Fenster: Letzter Vorwand, denke ich, noch nicht hinüberzugehen.
Die *Stimmen*, schwankend in der Lautstärke: einmal höre ich meinen Bruder heraus, einmal (tatsächlich?) den Pfarrer.
Die Stimme meines Vaters höre ich nicht.
Ist es nicht erstaunlich, dass ein ranghohes und ein rangnie-

deres Pferd eine Freundschaft haben können? Ratet mal, worauf ich anspiele! … Ich begleite meinen Bruder in die Stadt, das heißt, eigentlich stolpere ich hinter ihm her, denn er hat einen raschen Gang, und seine Beine sind lang. Manchmal gelingt es mir, für einige wenige Meter Schritt zu halten, dann könnte man uns, vielleicht, für gleichberechtigte Partner halten. Die Schöße seines Jacketts wippen, und seine Gedanken rasen über die Felder hin.

»Hier überall«, sagt er, »können vergessene Grabstellen sein. Kein Mensch weiß, wo die Friedhöfe waren, nicht mal der Pfarrer. Der am allerwenigsten. Oben lang und unten kurz …« Er lacht mich mit einem breiten Grinsen an. Obenlang, das ist der Name des Pfarrers. Wenn Herr Obenlang bei Gelegenheiten mit der Kasse ins Haus kommt, um Spenden entgegenzunehmen, zettelt er philosophische Gespräche an: über Glaubensfragen, über den historischen Jesus Christus. (Ich glaube tatsächlich, er ist es, nebenan!) Die Eltern schätzen ihn. Wenn es allerdings um eine *Abtreibung* ginge, würde man nicht ihn, sondern den Arzt um Rat fragen.

»Hast du«, fährt mein Bruder fort, »seit unserem letzten Gespräch darüber nachgedacht?«

»Worüber?«

»Über die Würmer, die uns auffressen, wenn wir im Grab liegen.«

Ich überlege. »Man kann sich verbrennen lassen«, sage ich, »oder …«

Mein Bruder nickt auffordernd. »Oder?«

»Oder den Körper der Wissenschaft verkaufen. Von dem Geld hätte man schon jetzt etwas.«

Eine tote Maus liegt am Wegrand. Mein Bruder schiebt die Schuhspitze unter die kleine Leiche und schleudert sie mit Verve zwischen den Spargel. »Das sind Gedanken, die man in der Jugend hat.«

Das klingt ein wenig verächtlich, und ich sage nichts.

»In der Stadt bleibst du hinter mir, ja?«

Wir passieren die Schranke am Osttor. Während mein Bru-

der seine Schritte beschleunigt, bleibe ich zurück. Es fällt mir schwer, Gedanken zu bilden, in denen das Wort *ich* vorkommt. Natürlich: »Ich habe einen Bruder.« Das ist ein Satz, den ich denken kann, aber leichter fällt es mir zu sagen: *»Mein Bruder ist ein starker Mann.«*
Es ist Jahrmarkt.
Ich beobachte, wie mein Bruder an der Schießbude zum Gewehr greift. Er trifft, natürlich! Aber er schüttelt den Kopf, während er den Preis entgegennimmt. Ein Stofftier, er dreht es in der Hand. Er blickt zu mir herüber. Das wird er nicht wagen! Ich bin zu alt, als dass er mir ein Stofftier schenken könnte!
Er hat Freunde, die sich um ihn scharen. (Das Stofftier landet im Müll.) Seine Zukunft erhebt ihn. Seine Zukunft ist, dass er uns verlässt. Schießen kann er bereits. Das wird ihm beim Militär nützlich sein. (Mir fällt auf, dass er ohne Begeisterung zu den über die Felder hindonnernden Düsenjägern aufschaut.) Beim Militär wird er neu eingekleidet. Er wird uns in Uniform besuchen, die Mütze, das *Schiffchen*, tief in die Stirn gesenkt.
Ich kehre um.
Am Osttor lehne ich mich auf die Schranke. Was hieße es, ein Stadtbewohner zu sein und von hier aus aufs Land hinaus zu schauen! Dorthin, *wo Fuchs und Hase sich gute Nacht sagen.* Ich wüsste nichts von mir, nichts von meiner oft tollwütigen Mutter, nichts von Absprachen, die nebenan in der Küche getroffen werden, die auch mich betreffen und zu denen ich doch nicht gehört werde. Ich wäre vielleicht der Sohn des Küsters! Ich wüsste, wie man Glocken läuten lässt. An meine Mutter, die nach meiner Geburt gestorben wäre, hätte ich keinerlei Erinnerung, sie wäre nichts als eine alte Fotografie, nichts als die irrlichternde Erzählung eines gebückt gehenden alten Mannes, des Küsters, und beide, Erzählung wie Fotografie, würden Jahr um Jahr unmerklich schäbiger!
Du Einzelkind mit stummem Mund!
Ich springe über die Absperrung und schlage mich in die Bü-

sche. Es gibt Wege heim, auf denen mir gewiss niemand begegnen wird.

4

Wie schnell zerfällt der Mensch, wenn er im Grab liegt? Und kommen die Würmer von außen oder von innen? Ein Schauspieler aus der Stadt ist im Meer ertrunken. Er ist so weit hinaus geschwommen, dass er es nicht mehr zurück geschafft hätte. Er wollte es so. Er hat einen Brief hinterlassen. Wo ist sein Körper jetzt?

Ich würde mein Klavier mitnehmen wollen.

Seht, wie George das Klavier vor sich herschiebt!

Es wäre ein weiter Weg zum Meer.

Der Schauspieler, das dicke Gesicht knapp über der Wasseroberfläche, seine Arme sind längst müde, aber die Beine treten noch mechanisch gegen das Element.

Das Meer in ruhiger Dünung, er versinkt.

Wenn ein Mensch, den ich sehr liebte, sterben würde, vielleicht würde ich nach einem Jahr sehen wollen, was aus ihm geworden ist? Wenn ich das Grab öffnete, was würde ich sehen? Später, viel später, holt man die Gebeine heraus. Sie werden in Beinhäusern gelagert. Es ist gut, die Reste wieder ans Licht zu holen. »Verbrennt mich!«, sagt die Mutter. »Ich kann nicht unter der Erde sein. Ich muss atmen. Ich ertrage es nicht einmal, wenn jemand ein Bild von mir in die Schublade legt.«

Ich atme gegen die Fensterscheibe, die sofort beschlägt.

Es gibt viele Arten des Atmens. Spiele ich schwierige Stücke am Klavier – wenn niemand sonst im Haus ist, allenfalls mein Vater, der kann nicht so leicht fort, aber vor ihm schäme ich mich nicht –, steigen die Anforderungen, dann zum Beispiel *halte ich den Atem an.*

»Das ist nicht gut«, sagt das Klavier. »Darauf musst du achten.«

Ich stoße den angehaltenen Atem aus, ich löse mich aus dem Fensterrahmen.

5

Ich lege die Hand auf die Klinke und höre, wie mein Herz klopft. Mir ist, als stünde ich bereits in der offenen Tür, schweigend – ich schweige viel, zum Ärger meiner Mutter –, unbemerkt, und vor mir: *die Verhältnisse!* Als erstes fiele mir (denke ich) mein Vater auf. Er sitzt im Hintergrund der Küche in seinem Rollstuhl. Sei es, weil er seine Beine am Herd wärmen will, sei es, dass ihn jemand, wahrscheinlich die Mutter, unachtsam in die Ecke geschoben hat. Er sitzt fast abgewendet, und da er doch die Ereignisse am Tisch mitbekommen will, dreht er, was ihn gewiss anstrengt, den Kopf mühsam um die Achse. Er wäre vielleicht der einzige, der merkt, dass ich ins Zimmer getreten bin.
Am Tisch (denke ich) sitzen – außer meiner Mutter, meinem Bruder, dem Pfarrer (tatsächlich!) – Menschen, die ich nicht kenne, und andere, die ich nur flüchtig kenne. Zum Beispiel den Mann mit der dickrandigen Brille: er trägt eine beige Windjacke, ich erinnere mich, das ist der Kerl, den ich mit der Flasche in der Hand am Zaun des alten Jöres lehnen sah, der, obwohl er Geld vom Sozialamt bezieht, gern augenzwinkernd von dem Schatz spricht, den er im Keller versteckt hält, damit ihn der Kerl in der Windjacke nicht findet, denn der wacht über die Gelder! Die Frau neben ihm, ältlich in ihren Jeans und hager: ich bin sicher, es ist die, die sich vor Jahren im Wald aufgehängt hat. Wir haben sie gefunden. Oder ist es die, die Martin so seltsam gestreichelt hat? Wir haben ihn weg- und hinter uns hergezerrt.
Den Pfarrer kenne ich natürlich.
Auch meine Mutter kenne ich. Sie steht am Fenster (denke ich) und knallt es zu. (Tatsächlich höre ich einen lauten Schlag durch die Tür!) Das kann aus Wut oder Begeisterung gesche-

hen, die Emotionen meiner Mutter liegen dicht beieinander. Sie verharrt (denke ich) am Fenster, den Blick hinaus genau auf dieselben Felder gerichtet, die auch ich betrachtet habe – um Zeit zu gewinnen! –, in denselben Nebel, in dem ich die blauen Pferde beobachtet habe, ja, derselbe eine Sonnenstrahl, der seinen Finger auf den Pik-König gelegt hat, schmeichelt vielleicht auch ihr, indem er nach dem Mondstein tastet, den sie an einer Kette um den Hals trägt.

Auf der anderen Seite des Tischs (denke ich) sitzt ein Paar. Der Rücken meines Bruders, der sehr stämmig ist, verdeckt sie. Es sieht so aus, als umarmten sie einander. Wo sich ihre Lippen zum Kuss träfen, ist der Kopf meines Bruders. Wie ärmlich sie gekleidet sind! Ich würde es, auf der Türschwelle, nicht wagen, mich zu bewegen – ich bin glücklich, wenn ich unentdeckt bleibe und stummer Beobachter sein kann –, sonst könnte ich, neigte ich mich zur Seite, vielleicht sehen, ob der Mann ein Arbeiter oder doch nur ein Künstler ist, ob er sich kein neues Jackett leisten kann oder ob er ein lieb gewonnenes altes, in allen Nähten reißendes angezogen hat, weil er es gern und immer trägt, eines mit Perlmuttknöpfen, das würde den Künstler verraten. So sehe ich nur den ungebügelten Kragen eines weißen Hemds. Und die Frau? Hält den Kopf gesenkt.

Wäre es wirklich denkbar, dass niemand mich sähe, auf der Schwelle?

Der Rücken meines Bruders zittert (und meine Hand an der Klinke auch). Wenn er nicht heimlich weint, dann lacht er. Mein Bruder hat zu den meisten Dingen eine ungewohnte Meinung, und er reagiert immer anders, als es die Situation fordert. Das ist einer der Gründe, warum ich ihn bewundere. *Souverän sein*, sagt er, sei das Wichtigste. Und ich werde nie das sein, was dieses Wort, so ungefähr, bedeutet.

Jetzt kriecht er – sein Rücken zuckt unbeherrscht! – aus der Bank hinaus. Er sucht die Toilette auf, die sich bei uns, anders als in anderen Bauernhäusern, nicht auf dem Hof befindet. Und nun sehe ich: Das fremde Paar umarmt sich nicht. Auch

ein Kuss findet nicht statt. Zwischen ihnen sitzt – und sie haben sich ihm zugewendet, das ist alles – ein kleines Mädchen, acht, neun Jahre alt, die Hände im Schoß. Es trägt einen altmodischen Rock, und die Augen heftet es gleichmütig auf den Tisch.
Während *ich* den Blick immer noch auf die Klinke hefte (und denke, dass die Kleidung des Mannes definitiv die eines Arbeiters ist), überlege ich: Warum sollte es, das kleine Mädchen, denn so traumverloren dasitzen! Ich bin's ja nicht! Ich säße gewiss so da, wenn man mich zum Beispiel *verkaufen* wollte! (Wie komme ich auf einen solchen Gedanken?) Aber sie ist ja ganz anders! Sie hat ja auch ein ganz andres Leben vor sich als ich. Das kleine Mädchen – es ist ja noch kaum eine *sie*, obwohl es sicher weiß, dass es eine werden wird, es weiß viel, wie es so dasitzt! – könnte zum Beispiel eine Gabel in der Hand drehen oder muntere Gespräche mit der Holzpuppe führen, die es mitgebracht hat. Es könnte aber auch, und dafür sehe ich es eher an, neugierig meiner Mutter zugucken, wie sie das Fenster zuknallt, wie sie dort verharrt, sich nach einer Zeit langsam umdreht und jetzt mit verzückten Blicken – ob echt, ob unecht! – dem Mädchen zuwinkt. Ja, sie, nein, es, es schaut sehr neugierig, welche Bewegungen meine Mutter, die eine begabte Klavierspielerin ist, mit den Fingern zu vollziehen vermag, aber an diesen Fingern, an der abknickenden Hüfte – meine Mutter setzt sich wieder –, an den freigelegten Zähnen, mit denen sie an der Unterlippe nagt, an all dem erkennt es, denke ich, die wahre Natur meiner Mutter. Deutlicher, als ich's je vermochte!
Der Pfarrer räuspert sich.
Ich gebe mir einen Ruck. Einmal muss es doch sein. Ich öffne so geräuschlos wie möglich die Tür … Und abgesehen davon, dass nicht nur mein Vater, sondern alle ihre Augen auf mich richten und meines Eintretens gewahr werden, finden sich *die Verhältnisse* so vor, wie ich's (in Gedanken) vor mir sah. Nur die ältliche Heimleiterin aus dem Waisenhaus, die ja auch längst tot ist, ist in Wahrheit eine junge Assistentin an

der Seite des Sozialarbeiters: glatt und schön, aber, was ihre Rolle betrifft, ungeübt. »Guten Tag«, sage ich leise und sehe die Augen des Sozialarbeiters aufblitzen.

6

»Du hättest ruhig noch ein wenig drüben bleiben können«, sagt meine Mutter. Sie lacht, ich weiß nicht, was ich von dieser Bemerkung halten soll.
Das kleine Mädchen beachtet mich nicht, seine Eltern – ich nehme an, es sind seine Eltern – beachten mich umso mehr.
»Das ist George«, meine Mutter richtet ihre Geste auf mich. »Wir sind mit unserer Besprechung noch nicht fertig, aber nun ist er bereits herübergekommen. Womit hast du dir die Zeit vertrieben, mein Lieber? Hättest du Klavier gespielt, hätten wir's gehört. Eigentlich hatte ich mir gewünscht, du würdest etwas spielen. Musik entspannt die Gemüter. Und außerdem, das weißt du ja, bin ich sehr stolz auf dich. Das sind …« Sie zeigt auf das Ehepaar, ohne einen Namen zu nennen. »Und das …«
Der Pfarrer hebt die Hand! Ich verstehe: Gewisse Dinge sollen geheim bleiben.
»Ich habe dich bisher nicht ins Spiel gebracht, weil du so etwas wie den Höhepunkt darstellen solltest. Die Wohnverhältnisse und so weiter, das ist das eine … Was soll's! Aber die Menschen – sie machen den Unterschied! Und George ist eine eigenartige Pflanze. Viel sprechen wird er nie! Eine Seele hat er natürlich trotzdem.« Sie winkt erneut dem kleinen Mädchen. »Ihr würdet euch gut verstehen. Er könnte dir das Klavierspielen beibringen, er kennt sich auch mit Spielkarten aus, und ich glaube«, sie zwinkert mir zu, »er hat noch andere Fähigkeiten, von denen er niemandem etwas mitteilt. Das ist leider so seine Art.« Erschöpft sinkt sie auf ihren Platz am Kopfende des Tischs, und augenblicklich, scheint es, wird sie missmutig. »Sein Bruder«, eben kommt er aus der Toi-

lette zurück, nur noch die glänzenden Augen erinnern an den ausgestandenen Lachanfall, »ist da ganz anders. Charmant, attraktiv! Sehen Sie nur seine schönen, dicken Lippen, die immer so erregend feucht sind. Aber was rede ich! Sie sehen die Unterschiede ja selbst. Und dass ich die Schulzeugnisse vorlege, das werden Sie ja wohl nicht verlangen. Theo!«
Das ist mein Vater. Seine milde Stimme antwortet ihr: »Es ist gut, Mathilde! Du hast alles sehr gut ausgedrückt. Nur solltest du dem Kleinen eine Chance geben, sich selbst vorzustellen.«
Das Mädchen zieht sich unter dem Tisch die Strümpfe hoch. Es macht sich bereit, mir zuzuhören.
»Komm«, sagt mein Bruder und klemmt mich im Vorbeigehen unter den Arm. »Sit down!« (So redet er!) Aber ich entziehe mich ihm. »Ich bin erkältet«, sage ich. Woran nichts ist. »Es könnte ansteckend sein, ich setze mich lieber abseits.«
»Gut«, sagt meine Mutter angewidert. »Immer der gleiche Trott.«
Ich vermute, dass sie sich schämt. Das ist, so meine Meinung, undankbar, in Anbetracht dessen, dass sie mir, der ich stillhalte, oft, wenn niemand sonst dabei ist, ihr Herz ausschüttet.
Es ist still.
»Wir können nun fortfahren«, sagt der Pfarrer.

7

Ich begreife sofort, es geht um *Adoption.* Das Wort kommt mir in den Sinn, ehe es fällt. Als es fällt, reagiere ich, was meine Mutter an mir hasst, *nicht.*
»Adoption ist ein kaltes Wort«, sagt sie und blickt interessiert zu mir her. »Ich will mich kümmern, und sie«, die ärmliche Familie an unserem Küchentisch, so sagt ihre Geste, »hat – nennen wir es – Gewinn davon.«
Als hätte das Mädchen ganz leise geflüstert: »Adoption, Verkauf …«

Hätte ich eine Schlüsselposition bei der Entscheidung über solch eine Frage?
Der Pfarrer entwickelt einen Gedanken, den er, die rhetorische Finesse, mit der er spricht, zeigt es, für schwierig hält: »Viele Menschen leben in Armut. Dürfen wir annehmen, dass die Armut es ihnen leichter macht, sich von den materiellen Dingen ab und ihrem Herzen zuzuwenden? Meist ist das Gegenteil der Fall. Das Herz und die Belange des Herzens treten überhaupt erst in unser Bewusstsein, wenn …«
»Ich wüsste nicht, was das hier zu besagen hat«, unterbricht ihn die Mutter, die Worte rollen leicht über die Schulter, dass sie nicht so unhöflich klingen, wie sie gemeint sind.
Ein adoptiertes Kind ist ein zerrissenes Kind.
»Hätte«, fragt der Sozialarbeiter, »das Mädchen sein eigenes Zimmer?«
»Ein pragmatischer Zugang.« Der Pfarrer nickt, ungewiss ob in Zustimmung oder leiser Trauer.
Wenn schon, dann hätte mein Bruder das seine zu räumen! Natürlich! Bei mir ist nichts zu holen. Ich stoße mir, wie man sieht, schon bei kleinen Bewegungen die Nase an!
Das Zimmer meines Bruders ausräumen! Den mannshohen, aus dünnen Hölzern maßstabsgetreu nachgebauten *Eiffelturm.* Das Tischchen mit den in die Platte eingelassenen, sparsam – *japanisch!* – mit Vögeln und dürren Bäumen bemalten Kacheln. Das *ägyptische Rauchzeug*, das gewöhnlich draufliegt. Die drei Modellflugzeuge, die, unbenutzt, in verstaubten Plastikhüllen, schief auf einem abschüssigen Bord unter der Decke liegen. Die Statuette einer »naked woman« (!), die mein Bruder mir gern in die Hand gibt, damit ich mich, wie er sagt, an die Konturen gewöhne! All das müsste raus, oder? Das würde ich mir ansehen! Meine Mutter heulend in der Tür …
»Sind Sie«, erneut der Pfarrer, »auf die Fragen eines heranwachsenden weiblichen Wesens vorbereitet?«
Ja, sie bluten, wenn noch nicht, dann irgendwann. Ich bin informiert.

Ich denke: Werden ihre wahren Eltern fortlaufend zu Besuch kommen? Das wäre ja nicht weiter schlimm, wenn die Mutter es nur hinnehmen würde. Aber würde sie? Würde sie nicht den dritten Tag die Händler aus dem Tempel jagen, mit Geschrei, Geschimpf, und ihnen die Reste des ungegessenen Kuchens nachwerfen? Den sie, warum aber auch nur, nicht gegessen hätten …

»Ein Schnitt müsste vollzogen werden«, sagt mein Bruder soeben.

Du wirst bluten, mein Seel!

Die Lider des Mädchens senken sich. »Ich bin neugierig. Wo ich zu Hause bin, kenne ich mich aus. Hier wartet eine neue Welt auf mich. Zwei Welten – findest du nicht? – sind mehr als eine. Zwei Welten zu kennen, bedeutet doppeltes Wissen.«

So sind die Gesetze der Seele nicht.

»Meine folgt eigenen Gesetzen. Ihr wollt euer Lebtag lang von der Angst angenagelt sein, darin sucht ihr euren Schutz.«

Ich lache, laut – und alle schauen mich vermischt an.

Schön bist du, Kleine, in deinem kindlichen Mut. Du würdest, dein Bündel geschnürt, ohne Angst auf Wanderschaft gehen, wie? Bist du denn niemandem *Loyalität*, niemandem *Liebe* schuldig? (Ich sehe ein Haus einbrechen und hinter einer Wand aus Staub verschwinden.)

»Wer«, ruft meine Mutter verärgert, »wer, frage ich mich, fragt das Kind?«

8

Die Eltern des Kindes überhören die Frage. Ich sehe an ihren Bewegungen, dass sie das Kleid des Kinds glatt streichen. Das Kind selbst sehe ich nicht, mein Bruder verdeckt es. Ich höre es leise summen. Die Eltern flüstern ihm etwas ins Ohr. Es hört auf zu summen.

Warum geben sie ihr Kind fort? Vielleicht sind sie arm.
Der Mann, der Arbeiter, streckt mit feiner Bewegung die rechte Hand. Wird er es erklären? Ein zurückhaltendes Lächeln begleitet die Geste. Nichts sagt er. Wäre er ein Croupier, so hieße die Geste: »Ihr Einsatz bitte!«
Der Mann will, vielleicht, sagen: Wenn Vatergefühle allein entschieden!
Die Mutter des Kinds, denke ich, ist eine verknitterte Dose!
Ja, ein jeder sieht's: Sie ist zu schwach, das Kind zu behalten. Das muss sie einsehen! Sie ist mit sich selbst so belastet, dass nichts anderes Platz hat, so sehr sie's sich wünscht.
»Das Kind«, sagt meine Mutter, »wird später ohnehin eine Meinung über die Vorgänge haben, die uns alle überraschen wird.«
Lederflicken stärken die Jacke des Mannes an den Ellenbogen.
Wir werden uns opfern, könnte all das bedeuten. Oder: *Wir wurden gerufen.* Ich sehe die Familie auf dem Weg hierher: Starker Wind bläst ihr entgegen. Der Vater schlägt den Kragen hoch, die Mutter drückt ihr Kopftuch ins Haar. Die Kleine lässt sich jeden Meter mit sanfter Gewalt abringen. »Ich habe Heimweh«, ruft sie, gelangweilt. (Eine dunkle Limousine am Straßenrand: Menschenfänger!) Hat meine Mutter eine Annonce aufgegeben? Sie annonciert die unmöglichsten Sachen: »Haben Sie auch am 15. Mai Geburtstag? Dann kommen Sie zu Kaffee und Kuchen zu mir.« Die Familie hat die Annonce am Abend eines schweren Arbeitstags entdeckt. Wenn die Schindeln vom Dach fallen, muss etwas geschehen. Wo Krankheit durch die Tür tritt, müssen die Fenster aufgerissen werden. Das Kind soll wissen: *»Du wirst immer ein glückliches Kind sein!«*
Ist es fort, werden die Eltern um den leeren Platz herum sitzen, die Hände falten und denken: Wir haben getan, was notwendig war. Zwischen ihnen wird ein kalter Finger sein, der wechselweise auf sie beide zeigt und sie getrennt hält für den Rest ihrer Zeit.

So denkst du, George! Oh, Schneidergesell' …
Der eingeschränkte Blickwinkel macht mich nervös! Ich springe auf, rufe: »Na klar!« und »Das muss auch einmal gesagt werden!«, werfe mich meinem Bruder an den Hals, damit ich einen freien, prüfenden, alle Fragen beantwortenden Blick auf die unbekannte Familie werfen kann. Es fällt nicht auf, dass das der Zweck ist. Ich schnüre meinem Bruder die Kehle zu. »Langsam, junges Blut«, ruft er. Alle lachen. »So ein kleiner Rabauke!« Der Sozialarbeiter schlägt mir auf die Schulter. Alle spielen die Szene, die der Moment schreibt, mit. Meine Mutter kreischt. Auch die Eltern des Kindes deuten an: sie würden aus der Couch, auf der sie sitzen, gern ein Trampolin machen! Und bei all dem habe ich Gelegenheit, mein heimliches, kaltes Teleskop zu richten. Ist dieser Mann nicht doch ein falscher Geiger? Der besorgte Blick … Aus der Nähe betrachtet: das linke Lid hängt schlaff herab, das ist's. Und die schützende Hand auf der Schulter des Kindes: sie nestelt dort in motorischer Unruhe. Hätte der Mann eine Mütze, er schlüge sie immerfort aufs Knie, weil er das so gelernt hat. Das ist doch ein mediokrer Bursche, ein *Handlanger!* Ich könnte ihm zurufen: »Wohin des Wegs! Bist du denn überhaupt der, für den du dich hältst? Der Vater dieses Märchenkinds? Hier lege ich dir ein Winkelkreuz über die Schulter. Wir werden die Krümmungen ausmessen, die du Haltung-Bewahren nennst! Wie ein Vogel streckst du deinen Kopf aus dir heraus! Und wie gebückt du da hockst! Weißt denn du überhaupt, was Stolz ist? Ein fremdes Wort, nicht wahr? Nimm es mit heim, das Winkelkreuz! Soll's dir eine Lehre sein.« Jetzt aber, da die Scherze abflauen, und ich, ein schläfriges Kind (schläfrig zur Tarnung), am Hals meines Bruders hänge, jetzt, da der Pfarrer Blatt und Brille aus der Tasche zieht, die neben ihm am Boden liegt, sehe ich, wie die Hand des Mädchens nach der des Vaters tastet. Ruhiger Atem hebt und senkt den Körper des Mannes, und was, für kurz, grämliche Runzeln in einem Ganovengesicht waren, ist jetzt nichts als Licht und Schatten.

»Schluss!« Mein Bruder schüttelt mich ab. Ich kehre in die eingeschränkte Perspektive meines Winkels zurück.

9

Links von mir ist es der Atem meines Vaters, der mir wie ein Sturm entgegen pfeift und mich in meiner Ecke hält. Vor mir ist es der Berg des Rückens meines Bruders. In den Falten seines Pullovers spielen Fratzen Erkennungsspiele, rufen aus beweglichen Faltenmündern: »Die Trigonometrie kannst du dir sparen, aber ein Schachspiel solltest du gewinnen!« Der Boden, betrachtete ich ihn, wäre mein, endete er nicht am Rand jeder Kachel vor einer schier unüberschreitbaren Fuge. (Dies ein Spiel, das ich mit mir selbst spiele.) Ich zögerte, wohl wissend warum, mein Zimmer zu verlassen …
Eingesperrt!
Ich weiß: alles fordert zum Tanz auf! Alles, was geschieht. Darum geschieht es. Die Dinge tanzen ihren Hast-du's-schon-gewusst?-Tanz, ihren Mach-doch-mit!-Tanz, sie wollen mich, den Unschlüssigen, an seinen von winzigen Schweißperlen übersäten Fingerspitzen in die Mitte leiten, dahin, wo die Mutter auf einem dreibeinigen Nierentisch Charleston tanzt.
Dumm wär, wer sich spröd gäb! Das ist auch meine Ansicht.
»Die alten Tänze verlernt man nie!«, ruft die Mutter.
Die Zimmerdecke? Dort oben, verkehrt herum, gehe ich noch am freisten einher. (Während ich ein Brot esse, während ich trinke.) Scharf umrissene Miniaturbilder schachteln sich dort oben ineinander …
Eingesperrt!
So finde ich mich ja vor, denke ich! Auf Zeit. (Der Aggregatzustand, der diesem vorherging: eine hämmernde Erinnerung tief im Innern, unlesbar!)
Eine Tür, durch die ich eingetreten wäre, existiert nicht. Und die, durch die ich hinaustreten könnte – wenn es nicht der

Tod sein soll –, muss aus dem leeren Raum herausgehauen werden. Ich suche den günstigen Punkt, in der unsichtbaren Wand, die Welt heißt.

»Die Wand, die Welt heißt«, so hat der Pfarrer (einmal) gesprochen. Unterschätz ihn nicht, den Mann! Zwar hat er dir (einmal) sein Genital gezeigt, was nicht seine Aufgabe ist. Aber es war am Busch bei der Eckfahne des Sportplatzes, er schlug ja nur sein Wasser ab! Es kann alles bedeutet haben: eine ungeschickte Zärtlichkeit, ein übertriebener Scherz, ein missverständlicher Hinweis. Er arbeitet mit Zeichen, der Mann! Die Wand, die Welt heißt! Findet das Genital den Punkt in der Wand, die Welt heißt, wo die Tür, die es nicht gibt, Gestalt annimmt? Ich will nicht nutzlos wiederholen, was bereits von anderen ohne Ergebnis durchgespielt wurde. Es ist abgearbeitet und für wirkungslos befunden.

Atmen! Die Regel für den Eingesperrten: Atmen! Beginnt dein Herz in Panik zu rasen – eingesperrt! –, dann atme. Besser noch, du fällst in Ohnmacht, als dass du dir, an der undurchdringlichen Wand, Wunden schlägst.

Atme!

Eine Wand, gegen die du anatmest, höre ich, verschwindet manchmal. (Der Baum verwendet den Trick, drüber weg zu wachsen.) Und: Vertrau deiner Hand! Die die Dinge, ehe sie dich zum Tanz zwingen, anfasst, erforscht, verwandelt. Sicher, du kannst sie mit dieser Hand auch zertrümmern, aber dazu rät niemand.

Wär allerdings die Wand, die Welt heißt, *meine eigene Schöpfung*, wie manche, meinem Bruder zufolge, behaupten …

Meine Mutter (die grad an die Küchenlampe stößt und einen Kurzschluss erzeugt) ist die absolute Grenze dessen, was ich je an Welt erfahren werde. Eher noch ist alles *ihre* Schöpfung! Darum jage ich sie hinaus, in den Dschungel der Erfahrung. Komm mir nicht zurück, ehe du weiteres Terrain abgesteckt hast! Ich will mehr wissen! Das Land deiner Wut-, Verzückungs- und Hellsichtigkeits-Ausbrüche ist durchmessen! Hü, wildes Pferd, mach dich bereit! (Mein Bruder nimmt ihr die Glühbirne aus der Hand, da sie sich immer aufs Neue in der Fassung verkantet.) Setz über den Zaun, hinaus in die Nacht, schleif mich am Halfter nach! Folge dem kalten, pockennarbigen Mond! Ich werde jeden neuen Baum gezählt, jede neue Wegwindung in die Landkarte eingetragen haben.

10

»Ich verliere ein Kind!«, ruft die Mutter emphatisch, sie meint meinen Bruder, nehme ich an, »und ich brauche Ersatz.« Sofort springen der Pfarrer und mein Bruder auf, sie greifen die Arme meiner Mutter und halten sie in ihrem Stuhl. »Nun mal langsam«, sagt der Sozialarbeiter, als hätte er das Recht, ihr zu drohen. »Ersatz«, höre ich, »Ersatz!« Aber mein Bruder geht so weit, ihr den Mund zuzuhalten.

Natürlich hat jeder im Raum die Worte vernommen, aber die Eltern des Kindes sehen sich ohne erkennbare Gemütsbewegung nach meinem Vater um, das ist alles. Mein Vater lächelt scheu, beugt sich vor. Er wünschte – ich kenne den Sinn fast all seiner Bewegungen –, ein goldenes Wort könnte die Wogen glätten. »Frau!«, sagt er mit heiserer Stimme.

»Führen Sie das nur näher aus«, ruft der Sozialarbeiter schrill. »Da könnten Konsequenzen gezogen werden!«

Die Mutter brüllt: »Das – oder ein andres!«

Mein Bruder kann sie nicht mehr auf dem Stuhl halten. »Jetzt besinn dich!« Er drängt sie in die Ecke. Ein ausgestrecktes, kämpfendes Bein knallt gegen die Tür, die in mein Zimmer führt. Sie springt auf, die spitze Kante des Schreibtischs ragt heraus. »Es kommt doch darauf an, die Leute im Glauben zu halten, dass …«

Mehr verstehe ich nicht, mehr versteht niemand. Mein Bruder redet unhörbar auf sie ein.

Die Eltern des Kindes lächeln mild.

Keine Antwort suchen, denke ich und forme die Worte auch, leise, die Lippen nur formen sie, stumm.

Die Augen meiner Mutter sind rotumrändert, als sie aus der Ecke zurück in den Kreis aller tritt. »Also gut«, sagt sie. »Man darf eben nichts beim Namen nennen. Gleich ist die gute Stimmung hin.« Was sie betrifft, das sehe ich – ich bin, in dieser Hinsicht, Experte –, so ist mit allem, den schlimmsten Ausbrüchen, den unerwartetsten Umschwüngen zu rechnen.

»Sie ist sehr jung«, höre ich jetzt, zum ersten Mal, die angenehm flache, leise Stimme des Arbeiters.

»Natürlich!« Die Mutter hakt gleich ein. »Argumente. Darum ist niemand verlegen. Aber die Natur ist selbst ein Argument. Sie lässt sich nicht verbiegen, nicht unterdrücken. Sie ist stärker als ihr alle. Ihr könntet mich ewig und drei Tage hier festhalten, ihr könntet mich, ich zweifle nicht daran, mit Gewalt still stellen und zum Schweigen bringen, aber ich bliebe doch die, die ich bin. Habt Verständnis, oder lasst es bleiben. Jung, jung …«

Sie putzt sich gründlich die Nase.

»Hat man ein Kind zur Welt gebracht, damit es einen verlässt?«

Mein Bruder richtet sich das Hemd. »Du tust, als ginge es in den Krieg.« Die Mutter heult auf. »Dusslige Schlammschlachten. Gewehre putzen, strammstehen. Da lache ich und mache jedes Wochenende meinen Kotau vor eurem Fensterbrett.«

»Ersatz«, kreischt die Mutter.

Die Eltern des Mädchens werden einen Rückzieher machen.

11

Regen ist, in Momenten, *mild* und lösend! Wie viel aber, denke ich, während die Mutter zu einem neuen Anlauf Kraft schöpft, wie viel muss erfüllt sein für einen solchen *Moment!* (Ich habe mich in meine Ecke zurückgezogen. Ich,

wenn ich es auch nicht gern zugebe, fürchte die Ausbrüche meiner Mutter. »Komm, komm, Häschen«, lockt sie mich, wenn ich verschüchtert den Winkel hüte. »Es war nur ein kleiner Sturm, ein Sturm im Plan Gottes, und geht vorbei wie alles.«) Zum Beispiel: das Klavier! Es hat seine eigenen, wetterabhängigen Launen. Dann: die Physiologie meiner Muskeln, Nerven, Sehnen, der leicht zu störende Gleichgewichtssinn, die Akustik des Raums ... Was alles ineinander greifen muss! Wie schwierig, einen *Moment glückhaften Gelingens* an ausbalancierten Fäden herbeizuführen! (Wenn die Kindheit verloren ist!) Ein Regen, um darauf zurückzukommen, kann nass, kalt, unfreundlich sein. (Das Mädchen hat noch den Zauber, wer weiß, vielleicht sogar die Zauberei.) Dann aber – und ich weiß nicht: ist es ein anderer Regen? – ist er, wie eben, nass, kalt, ein Regen in beginnendem Herbst, der traurig macht, aber *zuversichtlich*, der aufgeben lässt, ja, aber so, dass der Mensch, Naturkind für einmal, still wird, *still und zuversichtlich*. (Tastet das Mädchen nach mir? Wenn, warum nach mir?)
»Auch – und das sage ich nicht gern, vor allen – wäre es gut für George! Dass das niemand begreift, ohne dass es ausgesprochen wird!«
»George?«
Das sind Tricks, die ich auswendig kenne.
»Er kann es nicht zugeben! Wie soll er denn! Vor dir ...«
»Ich glaube, du dramatisierst.«
Wenn meine Mutter und mein Bruder etwas verhandeln, kann es geschehen, dass sich alle anderen ausgeschlossen fühlen.
»Du wünschst dir vielleicht«, fährt meine Mutter fort, »gehen zu können, und es liegt nichts weiter daran, aber so ist es nun einmal nicht!«
Ich horche unwillkürlich, wider besseres Wissen, darauf, ob's draußen so, wie's schön wär, regnen will. Ich würde es aber, vermute ich, gar nicht hören können. Der Vater rollt in sanfter, automatischer, ihm selbst unbewusster Bewegung den

Rollstuhl zentimeterweise vor und zurück: es quietscht leise. (Niemand würde dieses leise Quietschen hören außer dem, der versucht, auf ein Geräusch zu achten, das ein stiller, milde lösender Regen draußen erzeugt.) Der Bruder, wenn er nicht spricht, schnaubt (ablehnend!). Die Mutter ihrerseits schnalzt (ablehnend!) mit den Lippen. Ich höre das Kind auf der Bank rutschen, die feuchten Hände lösen sich leise schmatzend vom Holz, seine Schuhe unterm Tisch schaben über den Kachelboden. Der Sozialarbeiter glättet, stark atmend, seine Windjacke, zieht den Reißverschluss auffordernd in die Höhe und öffnet ihn wieder. (Gern ließe er die Jacke geschlossen, es sieht besser aus, aber es ist zu warm in der Küche.) Nein, es wäre, neben all diesen Geräuschen, beim besten Willen und für die besten Musikerohren nicht zu hören, was draußen vorgeht, solange es nicht um das jähe Bremsen zweier Automobile unmittelbar vor dem Zusammenstoß ginge, sondern um diesen leisen, tröstlich, wie ein Vorhang niedergehenden, herbeigesehnten Regen, der auch die ineinanderspiegelnden Fenster des Geistes benetzen könnte.

»Ihn zu fragen, hat gar keinen Sinn«, sagt gerade meine Mutter, und wie zum Beweis streckt sie ihr Kinn in meine Richtung. »Na, willst du? Hast du eine Meinung? Bitte, na bitte …«

Was könnte ich sagen?

Ich kann nicht für jeden meiner Sätze einstehen. Nicht, wenn ich sie äußere. Ein *gedachter* Satz ist sicher, er hat all die Unbestimmtheit, die es braucht, um voranzubringen, um wie eine Taschenlampe im düstren Wald benutzbar zu sein. Obwohl ja auch das seltsam ist – und ist es denn so? – dass etwas Unbestimmtes Felder eröffnen kann … Ist nicht das Gegenteil wahr! Nämlich, dass die Entschiedenheit den Blick öffnet, nicht auf das, was sie entschieden bejaht (oder verneint), sondern auf all die anderen Sichtweisen, die sich sofort in ebensolcher und neuartiger Entschiedenheit anbieten … Aber darum ging es ja nicht. Nein, es geht darum, wie

Sätze, die geäußert werden, ihre Wahrheit verlieren! Oder auch darum nicht ... Nein, noch viel eher geht es darum, dass Sätze, alle, ja, alle, und eigentlich auch die, die nicht geäußert werden, ja, gerade die, genau die, die *im Geiste* erklingen, die, die doch ganz *mein* zu sein scheinen, dass diese Sätze im Geist von einer *Stimme* ausgesprochen werden, und es ist nicht immer die eigene.
Was könnte ich also sagen?
»Die Dinge nicht voreilig aus dem Gleichgewicht bringen!«
Ich müsste nicht lang überlegen, wessen Stimme es ist, die diesen Satz, in mir, spricht. Ich lege eine leichte Hand auf das gelähmte rechte Knie meines Vaters, damit er, aufmerksam werdend, seine kleinen, quietschenden Irrfahrten unterlässt.
»Also gut«, sagt meine Mutter abschließend. »Auch dieses Argument überzeugt euch nicht. Ich werde wohl erst im Grab enden müssen, bis ihr glaubt, dass ich aus Fleisch und Blut war.«
»Du solltest mich nicht, nur um Punkte zu machen, in etwas hineinziehen, das mich nichts angeht«, sage ich.
Der Pfarrer seufzt erleichtert auf.

12

Mein Bruder dreht sich um und zwinkert mir zu. »Mach dir nichts draus«, sagt er leise. Jetzt steht er sogar auf, kommt zu mir und setzt sich neben mich.
Wir spielen ein Spiel, unter Brüdern: Wir legen es darauf an, im selben Moment (und unverabredet) dieselbe Bewegung zu machen. Wir schlagen uns auf die Brust, wir legen die Hand auf den Mund, wir schnipsen mit dem Finger! Erstaunlich, was in dieser Hinsicht möglich ist. »Da führt uns ein dritter an kurzer Leine«, sagt mein Bruder augenzwinkernd zu mir. Ich glaube, auch er hatte, als er noch Kind war, Fähigkeiten, die ihm heute niemand mehr zutrauen würde.
Heute begnügen wir uns mit ein paar Sprachspielen. Es ist

kein Tag für tiefe Erfahrungen. (Die Assistentin macht den Sozialarbeiter auf den nächsten Termin aufmerksam.)

»Rot«, sagt mein Bruder.

»Die Zunge des Mädchens.«

»Aha!« Er triumphiert.

Wenn er fortgeht, wird es still hier. Der Vater wird annehmen, nun seinerseits schnellzüngige Reden führen zu müssen. Er wird es nicht können. Ich werde durch verstärktes Schweigen klarstellen, dass ich nicht in die Bresche springe. Die Mutter wird unduldsam sein, viel am Fenster stehen, Briefe schreiben. Wer wird gereimte (und englische) Flüche gegen die Stadtverwaltung richten? Wer wird am Frühstückstisch die Experimente der Brüder Mongolfier im Detail beschreiben? Wer wird, durch einen Strohhalm atmend, unter der Oberfläche des Baches ausharren, bis der Moment da ist, sorglose Spaziergänger zu erschrecken?

»Er ist oft depressiv«, sagt die Mutter, als wolle sie seine Ehre retten.

»Blau.«

»Die Blume.«

»Die Blume?«

»Die blaue Blume.«

»Wo?«

»Da.« Er tippt mir an die Stirn.

Solange das Mädchen noch nicht hier ist – und ich glaube, dazu wird es nie kommen, egal, welche Argumente meine Mutter noch aus der Tasche zieht, sie ist, und merkt es, von Unverständnis, ja, Feindseligkeit umgeben –, solange die Wohnverhältnisse die alten bleiben, werde ich, ist mein Bruder einmal fort, in seinem Zimmer sitzen. Ich werde mir ein Bild seines Geistes machen, anders, als ich es bisher tat. Ich werde die beim Bau des Eiffelturms verwendeten Holzstücke zählen und so seiner konzentrierten Ausdauer nachspüren. Ich werde die Textstellen auswendig lernen, die er in seinen Büchern angestrichen hat. Ich werde eine seiner ägyptischen Zigaretten rauchen, obwohl ich vom Rauchen nichts halte.

Auch ich werde ihm, von dort oben, schreiben. »Ich sitze in deinem Zimmer«, schreibe ich. »Der Staub liegt meterdick. Mutter räumt nie auf. Es hätte auch keinen Sinn, sie sähe vor Tränen den Dreck nicht. Post stapelt sich, vermutlich Liebesbriefe derer, die du im Stich gelassen hast. Ich habe beim Durchsuchen deines Schranks verräterische Utensilien, Fotografien und Druckwerke gefunden. Ich, um von mir zu reden, existiere noch nicht wesentlich vollständiger als vor Monatsfrist. Ich habe den Gedanken, dass unser Gehirn die Welt erschafft, endgültig ad acta gelegt, egal, was du dazu sagst! Ja, ich bin froh, dass ich dich los bin! Schießübungen verweigere ich auch. Ich werde auch, im Gegensatz zu dir, den Militärdienst verweigern. Das Klavierspiel interessiert dich nicht, daher werde ich dir die Erkenntnisse, die ich diesbezüglich gemacht habe, vorenthalten.«
Ich gebe mich, schreibe ich an meinen Bruder, reifer, als ich bin.

13

Das Zimmer meines Bruders liegt über dem meinen. Von dort sehe ich auf dasselbe Feld hinaus, aber aus erhöhter Position! Der Horizont ist dadurch aber nur unwesentlich erweitert. Sein Zimmer hat kein Fenster zur Straße. Treibt es ihn darum so oft hinaus?
Da, wo in meinem Zimmer das Klavier steht, findet sich hier eine Sitzecke, und ich habe keine Mühe, ihn, auch wenn er nicht da ist, dort sitzen zu sehen! Er klopft die Asche der Zigarette ab. Er streicht über das Leder seiner neuen Schuhe, wippt mit dem übergeschlagenen Bein. Er lächelt aus Augenschlitzen zu mir hin, der ich aufrecht neben dem Tischchen mit der Kachelplatte stehe, und bereitet eine Pointe vor.
Dass ich nie auf den Gedanken komme, ihn ausstechen zu wollen!
»Das würde dir auch schwer fallen.«

Viele Zukunftsräume hält er besetzt. Laufe ich diesen elementaren Zukunftskorridor entlang, hinter jeder Tür sitzt er bereits, am unteren Rand einer Kinderrutsche, in der Gondel eines Wasserstoffballons, im Kassenhäuschen eines Riesenrads. Immer winkt er mir, eine Zigarette zwischen den Fingern, zu.
»Ich bin schon da!«, sagt er dann.
Wie er dort sitzt: bei der Kinderrutsche, in der Gondel, im Kassenhäuschen – es sieht so aus, als warte auch er …
Ich könnte ihm nachfolgen. Er wird, sagt er, Autos verkaufen! Eine intellektuelle Zukunft interessiert ihn nicht. »Darüber werden wir noch reden«, sagt harsch die Mutter zu diesem Punkt.
Fragt mich Siebzehnjährigen wer nach der Zukunft, bin ich verwirrt. »Geld verdienen«, antworte ich, aber schon das ist mehr, als ich gewiss weiß. Auf Jahre scheint alles unveränderlich. Mein Körper wird erwachsener, schwerer werden, aber immer sehe ich ihn, draußen, die Feldwege kreuzen, und nur ein geschulterter Spaten deutet darauf hin, dass etwas geschehen könnte, von dem ich heute noch nichts weiß.
Einen Schatz könnte ich heben, mit diesem Spaten. Aber ist das ein seriöser Zukunftsplan?
Eine Stadt bauen.
»Überhebe dich nicht«, sagt mein Bruder.
Martin ist sicher, dass er mit 33 Jahren stirbt. In seinen der Zukunft zugewandten Gedanken, sagt er, erhebe sich vor allem, was danach kommen könnte, eine schwarze Wand. Ich, ich werde alt, das ja. Aber ewig, so scheint mir, verharre ich tatenlos in unbestimmter Erwartung.
»Wir können nicht tauschen«, sagt Martin.

14

»Ihr brächtet es fertig, mich unter euren Augen sterben zu lassen!«

Ihr letzter Anlauf, denke ich!
»Es ist doch offenbar, dass ich an Magersucht leide. Seid ihr denn eigentlich blind. Warum spricht mich denn nie jemand darauf an! Nicht mehr lange, und ich bin unter 40 Kilo. Ist euch das denn eigentlich völlig gleichgültig?«
Die anderen legen sich mit ihr an. (Ich sage nichts.)
»Magersucht«, brüllt sie. »ist eine Krankheit, die zunächst gar keinem auffällt. Das ist es ja! Schleichend übernimmt sie das Regiment. Nicht mal der Betroffene selbst weiß, was geschieht. Ihr findet mich vielleicht schöner als je zuvor. Vielleicht bin ich in euren Augen schlank geworden, weiter nichts. Es steht mir, ich bin sexy, die jungen Männer drehen sich nach mir um! Aber dann, dann ist die Grenze überschritten! Die Grenze des Todes! Ich werde fasten. Ich werde, weil es großartige geistige Phantasien auslöst, nichts mehr essen! Wenn ich hinginge und mir Laufschuhe kaufen würde, in meinem Alter, nicht einmal das fändet ihr auffällig? Ich bin krank, aber niemand begreift es! Nur ich, und nicht einmal ich! Denn ich habe das Gefühl, so drahtig, so schön, so stark zu sein wie nie. Euch kann man predigen, es hilft nichts. Wünsche wohl geruht zu haben. Der Herr Pfarrer bringt mich unter die Erde, da habt ihr *noch* nicht begriffen.«
Es ist klar: sie macht Druck, um die Entscheidung zu erzwingen. Sie erpresst uns. Aber wird das Arbeiterpaar sein Kind bei einer Frau lassen, die zu solchen Mitteln greift?
Meine Mutter ist eine beeindruckende Erscheinung. (Denkt nicht, ich liebte sie nicht.)
Mir klingen die Ohren! Hat sie das alles wirklich gesagt?
»Magersüchtige Menschen sind zu großen Leistungen fähig«, sagt sie jetzt. »Es täte«, sie zögert, »vielen Menschen gut, nicht so viel zu essen …«
Beruhigt sie sich?
»Du bist noch nie einer Magersüchtigen begegnet.« Mein Bruder ist der einzige, der sich einen solchen Satz ihr gegenüber erlauben kann.
»So?«, sagt sie kalt.

Nun, das wiederum weiß *ich* besser.
»Sie sind eine sehr schöne Frau«, sagt jetzt, er nimmt zum zweiten Mal das Wort, der Arbeiter. Und die Frau! Auch ihre Stimme erklingt einmal, sanft, zurückhaltend auch sie. »Sie sollten geduldiger mit sich sein«, sagt sie.
Der Sozialarbeiter starrt mich an. Die Brillengläser vergrößern seine Augen. Er kann von der Geschichte mit dem Pfarrer nichts wissen, oder? »Geduld«, zischt er. »Geduld!« Und klatscht, grad in Reichweite, der ungeübten Assistentin, die sich nicht wehren kann, da sie ihm ihre Arbeit verdankt, auf den freiliegenden Oberschenkel.
Mein Vater ist bekümmert.
»Geduld ist nicht meine starke Seite«, sagt meine Mutter, für den Augenblick liebenswert.

15

Ich sehe aus meiner Ecke mit versteckten Blicken meine Mutter an. Ist es möglich, dass sie Recht hat? Ist es möglich, dass uns allen ihr Anblick zu vertraut ist, als dass wir sähen, dass sie krank ist? Ist sie magersüchtig, und wir begreifen es nicht?
Details der Adoption (der möglichen, der geplanten, der bereits vollzogenen?) werden jetzt, auf Betreiben des Pfarrers in ruhigem Ton, durchgesprochen. Die Eltern des Kindes nicken.
Ich betrachte meine Mutter und achte nicht auf die Verhandlungen. Ich sehe, immer wieder fasst sie das kleine Mädchen ins Auge.
Nein, sie ist nicht übermäßig dünn.
Kämmen sollte sie sich! Die Haare fliegen ihr ins Gesicht!
»Da ist ja eher unser Freund George magersüchtig.« Mein Bruder, der noch einmal, im Spaß, darauf zurückkommt, dreht sich zu mir um, einen Moment lang gibt er den Blick auf das Mädchen frei. Seine muntere Neugierde gilt mir!

»Ich könnte deine kleine Freundin sein«, höre ich.
Aber es ist meine Mutter, die das sagt, an einem hellen Tag, der lang her ist. Im hereinflutenden Gegenlicht ist sie ein dunkler Umriss auf dem Klavierstuhl, sie sieht mich zärtlich an. »Ich wäre lieb zu dir! Verstehst du? Ich würde dich nicht vergraulen, mit dummem Hochmut oder falscher Schüchternheit. Du würdest nicht mehr so oft allein in deinem Zimmer sitzen, Karten legen, denken …«
»Du kannst nicht meine Freundin sein«, sage ich.
»So ist das eben«, sagt sie leise. »Schau«, sie hebt die Hand, »wie alt ich geworden bin.«
»Oh!«, sagt mein Bruder, der mich aufmerksam beobachtet hat, und schließt erneut das Rolltor seines Rückens.
Ist ein Mensch krank, denke ich, so zeigt sich im Symptom seiner Krankheit, in eigentümlicher Kreuzung, was er vergeblich fordert einerseits, was vergeblich von ihm gefordert wird andererseits. Bist du mit einem Bein am Rand des Tümpels eingesunken? Steckt es fest? Ist dein Gang daher ungleichmäßig? So wirst du den Tümpel, wo das geschehen ist, näher untersuchen müssen! Ist dein Unterleib aus Marmor? Nun, so bist du ja schon fast ein gewesener Held, ein Denkmal. Wärme den Stein!
Es ist unnatürlich, gesund zu sein.
Die Natur will, dass immerfort, immer neu eine Schwelle überschritten wird.
Die Krankheit der Mutter ist, dass sie ein Wesen mit Flügeln auf dem Rücken ist! Aber wann ist sie zuletzt geflogen? Natürlich wäre ich der letzte, der ihr, was das betrifft, einen Rat geben könnte.

16

»Dein Bruder«, sagt die Mutter schmeichelnd (an diesem Tag, der lange her ist), »für manches ist er taub.« Sie hat sich den Klavierstuhl herangezogen, legt mir, der ich am Tisch

sitze, den Arm um die Schulter und die Wange an meine. »Nun schauen wir gemeinsam in den Nachmittag hinaus.«
»Was willst du mir sagen?«, frage ich, gewappnet.
»Nichts«, sagt sie.
Die Holzverkleidung des Klaviers knackt, der Wind pfeift leise am Haus vorbei.
»Du«, sagt sie besänftigend und vorwurfsvoll zugleich, da sie meine Reserve spürt. »Ist es so schlimm? Gib ein bisschen nach.«
Verträumt, dicht vor meinen Augen, ihre Augen.
»Hast du schon Verlust erlebt in deinem Leben?«, fragt sie mich.
Nicht mehr durch die Wände schauen zu können, ist ein Verlust. Ein Verlust ist es, keine kurzen Hosen mehr zu tragen. Ich war ein Kind mit dürrem, geschmeidigem Körper, nun bin ich oft vor Scham aus dem Lot. Das ist ein Verlust. Auch dass die Zeit heute verstreicht, während sie früher still stand, ist ein Verlust. Den Verlusten steht gegenüber, dass ich einen viel kräftigeren Anschlag am Klavier entwickelt habe, zum Beispiel, und über den Wechsel der Dinge nachdenke, wie ein Mensch es sollte.
»Ist dir einer bei einem Mädchen in die Quere gekommen?«
Ich sage nichts.
Die Pferde, auch an diesem Tag in einem bläulichem Widerschein, traben über das Feld. Ein kleines Flugzeug setzt in der Ferne zur Landung an.
»Du bist klug, sie verstehen dich nicht.«
»Ich rede mit niemandem.«
Sie lehnt ihre Stirn an meine Schläfe, lacht. »Du musst ein Mann werden!«
Die Insassen in dem Flugzeug greifen nach ihrem Gepäck.
»Wie wäre es mit einem elektrischen Rollstuhl für Vater?«, sage ich.
Sie scheint zu überlegen.
Jetzt dreht sie sich, plötzlich gelöst, auf dem Klavierstuhl

um die eigene Achse, langt zur Tastatur, ruft: »Kennst du das?«, und schlägt die ersten Akkorde eines Stücks von Grieg an. »Kitsch«, sie lacht, während sie jede Hürde, von der ich weiß, souverän nimmt. »Erzähl niemandem, dass ich so was spiele!«

»Ich spiele das auch«, sage ich, etwas lau.

»Ich habe es gespielt, als du klein warst. Das vergisst man nicht.« Ich höre, dass eine Taste des Klaviers nicht anspricht.

»Spiel du es!«

Wir sprechen über die Fingersätze.

»Zuviel Rubato«, sagt die Mutter. Sie neigt zu drängenden Tempi. »Viel zu viel Rubato. Ist das deine Art?«

»Es ist ein Trick«, sage ich wahrheitsgemäß, »weil ich es nicht sicher beherrsche.«

»Das ist mal ein Wort!« Sie freut sich.

Ich spiele.

Die Mutter winkelt die Knie und tanzt, bückt sich zwischen zwei Schritten, um die Fransen des Teppichs zu glätten, greift, weiter tanzend, nach den Spielkarten, die im Bild einer aufgegangenen Patience daliegen, bringt sie durcheinander – damit war zu rechnen! –, dreht Zettel, auf denen ich Aufgaben für den kommenden Tag notiert habe, zwischen den Fingern, interessiert sich für meinen Füllfederhalter, schreit auf, weil Tinte ausläuft, und sinkt zuletzt erschöpft aufs Bett.

»Ich hatte eine Freundin«, sagt sie. »Die war nicht schön, aber eine gute Freundin. Jetzt ist sie tot. Ich spreche oft mit ihr, in Gedanken. Wir sind immer noch die kleinen Kinder von früher. Sie ist diejenige, die mich von allen am besten versteht. Sie hat auch einen guten Einfluss auf mich. ›Mathilde, reg dich nicht auf!‹, sagt sie, wenn ich aufbrause. Das ist meine Art, ich gebe es zu. Wir hatten idiotische Ideen, als wir jung waren. Auch wir waren gern traurig, das scheint eine nie aussterbende Jugendkrankheit zu sein. Nicht, dass ich's verstünde! ›Wie möchtest du sterben?‹, fragten wir uns. ›Ich fahre in den Norden‹, sagte sie, ›in den ewigen Schnee. Ich miete mir ein Gastzimmer, zünde eine Kerze an und warte die Nacht ab. Wenn die Nacht hereinbricht, eine Nacht, in der der Himmel voller Sterne ist, gehe ich hinaus, lasse das Dorf hinter mir und lege mich in der Nähe eines kleinen Waldes in den Schnee.‹ – ›Willst du erfrieren?‹ – ›Nein, ich nehme Gift, Mathilde ...‹ – ›So‹, sage ich, ›du dämmerst einfach hinüber, so stellst du dir das vor. Bei Kerzenlicht, bei Weihnachtsstimmung, die Engel treten zu dir und nehmen dich bei der Hand! Ja, das wäre schön, aber so wäre es nicht!‹ Und so war es nicht! ... Und ich? Ich, ich will, ich kann nicht sterben. Dummes Spiel! Lass uns aufhören!«

Wie sie plötzlich ärgerlich wird! Wer es nicht kennt, für den wär's ein Wunder.

»Entschuldige«, sagt sie und eilt hinaus.

Meine Mutter hatte einen *Verlust!* Ich bin – wie kindlich! – von tiefer Achtung erfüllt! Trotz allem ...

Ihr ist eine Freundin gestorben!

Ich, George, *bewundere sie atemlos*, ich beneide sie heiß um ihren Schmerz!

Vielleicht bin ich, George, jetzt der einzige, der um ihren Verlust weiß!

Wie erhöht ein Verlust die Existenz!

Ihr Duft ist noch im Zimmer.

17

Offenbar bin ich eingeschlafen.

Eine Adoption ist keine Bagatelle, die man leichthin verschläft!

Aber ... Warum sollte ich nicht einschlafen! Was lag an mir!

Das Mädchen habe ich ohnehin nicht sehen können, immer saß mein Bruder davor. Ja, manchmal wendete er sich geradezu zu mir um, um zu überprüfen, ob er mir auch recht im Weg sitzt. Ich habe ihm zugenickt. »Alles in Ordnung, ich sehe nichts!« Solche Spiele sind in unserer Familie üblich.

Die Verständigung mit meinem Vater wiederum bestand darin, dass wir mit Hilfe kleiner Handgesten Wetten darüber abschlossen, ob meine Mutter ihren Willen kriegt oder nicht. Auch dieses Spiel spielen wir häufig, ich bin sogar versessen darauf. Ich glaube, *er* empfindet es als Verrat und schämt sich.

Ich bin eingeschlafen, als ich über die magersüchtige Freundin meiner Mutter nachdachte. Nun erwache ich und stelle fest, dass ich allein bin. Wo das Mädchen gesessen hat, sehe ich gerade noch ein verblassendes Traumbild: meine Mutter, die sich Briefmarken auf die Stirn klebt.

Auch mein Vater ist fort! Ob mein Bruder für ein Mal mit ihm raus ist? Über die Felder! Und hui!, mein Bruder ist nicht zimperlich. Der Wind pfeift, mein Vater stöhnt, die Kleider fliegen. »Schneller, schneller!«

Aber es ist Nacht!

Ich öffne, benommen, den Schrank, in dem das Brot aufbewahrt wird. Hat das Mädchen, das seine Eltern, so denke ich gehässig, *um jeden Preis verkaufen wollen*, kein Zeichen zurückgelassen? Aber doch nicht im Schrank, George! Ich trete, mit leisem Groll, gegen die Tür in das nie benutzte, aber immer aufgeräumte Wohnzimmer. Ich erwarte, dass mir alle, die Pläne schmiedenden Erwachsenen und das Kind mit der Holzpuppe im Arm, entgegenlachen. Sie haben sich einen Scherz erlaubt!

Nichts.

Die Haustür steht offen.

Ist jemand quer über den aufgeweichten Rasen gegangen, zum Ärger des Vaters?

Ich betrete mein Zimmer. Aha! Dort liegt er, der Vater! In meinem Bett. Sein Atem geht ganz ruhig. In der Dunkelheit des Zimmers – nur von der Küche fällt Licht herein – scheint es, als sehe er mich aus vollständig offenen Augen an, aber sein Schlaf steht mächtig und groß im Raum.

Ich werde in die Nacht hinaus gehen. Alle suchen sich ihren Weg, so auch ich.

Magersucht ist eine Krankheit, in deren Verlauf der Mensch verschwindet. Dabei nimmt seine Konzentration zu. Die Energie verdichtet sich, bis sie zu einem reinen, geschliffenen Diamanten wird. Ist die Helligkeit am größten, ist der Mensch tot.

Ich greife in die Tasche des Regenmantels (der mir genug Gespött bei den Stadtjungen einbringt) und ... finde nun doch noch etwas: ein Gummi in versiegelter Verpackung! Die Gedanken stehen einen Moment still. Sag, wer hat das in den Regenmantel geschmuggelt? Ach, weißt du ... Es käme mancher in Frage.

Wollen wir wirklich darüber nachdenken?

Ich glaube, es war der Pfarrer. Er wird eine aufklärerische Absicht damit verbinden.

Natürlich bin ich aufgeklärt. Hermann und Erika haben uns auf die Sprünge geholfen. Erika legte sich zur besseren Sicht für alle auf die Tischkante. Das Körperteil in meiner Hose richtete sich in starker Erregung auf, aber ich stahl mich hinaus. In der einbrechenden Dämmerung wartete ich, bis Beifallsrufe erschallten und die Freunde, einer nach dem anderen, mit roten Gesichtern aus der Bretterbude hervorkrochen.

»Was denkst du?«, fragt Martin.

»Jetzt wissen wir Bescheid«, sage ich.

»Ich wusste schon vorher Bescheid«, sagt er. »Ich hätt's dir genau erklären können. Ich habe ein Buch darüber gelesen. Ich kenne auch die Fachausdrücke: Der Penis wird in die Scheide eingeführt. Aber ich hab's nicht geglaubt. Ich habe mich geekelt.«

Ich ekel mich nicht, aber ich will trotzdem nichts damit zu tun haben. Es ist besser, in der eignen Haut zu bleiben. Natürlich! Es ist falsch, sich so weit zu konzentrieren, dass man ein Diamant wird und stirbt. Aber ebenso falsch ist es, in alles ... in alles ...

Dieser Gedanke hat kein gutes Ende, sage ich mir leise, während ich den Regenmantel zuknöpfe. Vorsichtig betrete ich

noch einmal mein Zimmer und lasse das verpackte Gummi in der Schublade verschwinden.
Ich werde den Vater dann wecken müssen.
Ich schließe die Tür.

18

Zwei Laternen sind's bis zur Straßenecke, sie geben blasses Licht. Trete ich aus dem Lichtkreis der einen heraus, bin ich für ein paar Meter ausgelöscht. Dann trete ich in den der anderen ein.
Gestänge hält die Fußgänger davon ab, quer über die Kreuzung zu gehen. Das ist ganz unnötig. Was bedarf es hier auch nur einer Ampel? Die Kreuzung ist groß, aber der Verkehr ist dörflich: der betrunkene Blumenhändler auf dem Fahrrad, das ist alles, er verliert aus seinem Kittel die Klammern, mit denen er die Blumen zum Bund zwingt; der Kaffeeröster, der einmal in der Woche seinen werkstattgepflegten VW Käfer Jahrgang '53 aus der Garage holt, um über Land seinen Kaffee zu verkaufen, sein Ellenbogen ragt aus dem herab gekurbelten Seitenfenster.
Es ist zu hell, um die Sterne zu sehen.
Ich warte an der Ampel. Die Zeit staut sich mit ihrem ewigen »Voran, voran!« in meinen zum Stillstand verdammten Beinen. Ein kleiner Jammer, denke ich.
Grün.
Es ist niemand unterwegs. Ich folge der Straße. Trottend, sage ich mir, wie ein Hund. Ein ebenerdiges Fenster, offen, die Vorhänge dahinter sind zugezogen. Ich höre grell lachende Stimmen. »Du elender Schmierfink!«, höre ich.
Es ist nichts um diese Zeit. Die Menschen lassen die Leinen locker. Für einen, der in tiefem Schlaf ruhig atmend daliegt, kratzt ein andrer den Putz von der Wand. Für ein am Boden herumkullerndes einzelnes Auge gibt es ein andres, das grau wird wie eine Nebelwand im Gebirge.

Im Eingang zur Dorfschule, im Dunkeln, stehen zwei Männer dicht beieinander. Sehe ich richtig – ich will nicht allzu offen hinüberschauen –, blicken beide immer wieder nach der Uhr. In schnellen Rhythmen gehen ihre Köpfe auf und nieder, wie ein kleines Maschinenwerk! Ah! Jetzt haben sie mich entdeckt. Sie wechseln die Straßenseite, sie stellen sich mir in den Weg! Ich senke den Kopf zwischen die Schulterblätter, grüße mit leicht erhobener Hand – eine Geste meines Vaters, ich selbst würde störrisch vor mich hin schauen! – und schiebe mich seitlich zwischen ihnen hindurch. Keine Angst zeigen! Es muss eine Verwechslung vorliegen! 50 Meter weiter sehe ich mich um, die Männer kontrollieren bereits wieder die Uhrzeit.

Auf einem Balkon leuchtet ein weißes Nachtgewand. »Gebt doch einmal Ruh!« Aber es ist doch vollkommen still! So vollkommen, dass ich höre, wie der Atem durch die Nase geht.

Ich habe kein Ziel. Spätestens da, wo die Straße scharf abknickt, werde ich nicht weiter wissen.

Wie schwer es heute ist voranzukommen! Als verlangsame sich die Zeit selbst!

»Warst du traurig, als sie starb?«

»Wer starb!«

»Deine Freundin.«

»Sie ist nicht gestorben.«

»Du hast gesagt, sie sei tot.«

»Muss sie da gestorben sein?« Unzufrieden sieht die Mutter mich an, greift mir unters Kinn. »Sie ist nicht *gestorben.* Sie hat sich zu Tode gehungert! Das ist etwas ganz andres. Und ich war nicht traurig, sondern fuchsteufelswild! Ich hätte sie rechts und links ohrfeigen können. Noch ihre Leiche.« Meine Mutter weint.

Wie schön es ist, in der Stille der Straße! Ganz weit entfernt höre ich das Geräusch eines regelmäßig aufs Trottoir aufsetzenden Spazierstocks. So klang es, wenn mein Vater, als er's noch konnte, nachts seine Runden durchs Dorf drehte. Ich verfolgte ihn heimlich und sah, wie er manchmal mit dem Stock unter einen Busch fuhr. Ein Dachs schoss heraus, und er lachte. Ich sah ihn ein Schneckenhaus vom Boden aufheben und lange, lange in der Hand drehen. Aber es war langweilig, ihn zu verfolgen. Nie sah ich jemand anderen als den, den ich kannte.

19

An der Kreuzung werde ich Zeuge eines Polizei-Einsatzes. Ein grüner Mercedes wird ausgebremst. Ein Polizist springt aus dem Polizeiwagen, die Waffe im Anschlag reißt er die Fahrertür des Mercedes auf. Der Fahrer kugelt heraus auf die Straße. Die Hände in Abwehr erhoben, windet er sich am Boden.
Betrunken, denke ich. (Ich halte mich im Schatten.)
Langsam steigt auf der anderen Seite eine junge Frau aus.
Ist der Fahrer mit überhöhter Geschwindigkeit gefahren? Was ich bezeugen könnte, wären andere Dinge, zum Beispiel, dass kurz bevor der Polizeiwagen in Sicht kam, die Glocke einer nahen Kirche anschlug, dass der Mercedes über ein auf dem Asphalt liegendes Heft fuhr und der linke Hinterreifen darauf zum Stehen gekommen ist.
In der Stille ist jedes Geräusch zu unterscheiden. Das angstvolle Keuchen des Manns! Das Zähneknirschen des Polizisten, der mit beiden Händen die Waffe auf ihn richtet, das Knirschen seiner auf der sandigen Straße hin und her rutschenden Schuhe, die (ruhigen) Schritte eines zweiten Polizisten, der sich dem gekrümmten Mann nähert, jetzt, in meinem Rücken, das Rauschen eines Baumes, offenbar kommt Wind auf.
Der zweite Polizist, sicher der Ranghöhere, greift dem schreckensstarr daliegenden Mann ins Jackett. Er zieht eine prall gefüllte Brieftasche heraus. Der andere kontrolliert, die Waffe immer noch im Anschlag, die Möbelteile, die auf

dem Dachgepäckträger festgeschnürt sind. Sie suchen etwas! Der Fahrer des Mercedes begreift langsam, dass er mit einem blauen Auge davon kommen wird, dass es nicht um Geschwindigkeitsüberschreitung, auch nicht um Trunkenheit am Steuer geht.
Die Polizisten werfen einen Blick die Straße hinauf.
Ein älterer Herr beobachtet, wie ich, die Szene.
Die Polizisten verlieren das Interesse, tippen an die Mützen, setzen sich in ihren Wagen und fahren, seltsam langsam, davon. Der Inhalt der Brieftasche, ein Packen Geldscheine – alte 20-DM-Scheine! – flattert, vom Wind getrieben (der jetzt stärker wird!), über das Pflaster der Straße. Der Mann rennt dem (wertlosen) Geld nach, erleichtert aufstöhnend. Der Alte, näher kommend, weist mit dem ausgestreckten Stock auf umherflatternde Scheine.
Die junge Frau vergräbt die Hände gleichmütig im Mantel.
Ich sehe den Alten sprechen. Der Wind steht so, dass ich nichts verstehe.
Die Tür knallt zu.
Als der Mercedes, auch er sehr langsam, an mir vorbeirollt, sehe ich, dass im Fond noch jemand Drittes sitzt. Die Nackenhaare stellen sich mir auf! Ein Kerl, dem nicht zu trauen ist. Ich sehe die bleiche Wange, das dunkle, zottige Haar, mir genügt's! Ich habe den Eindruck, er hält sich dort im Fond *versteckt.* Nicht einmal der Fahrer weiß, dass er dort sitzt! Er redet, denke ich, auf die Frau ein, intim, und hat keine Ahnung, dass jemand zuhört!
Ein lockendes Auge fällt auf mich!
Der Alte, der dem Mercedes nachwinkt, als säße sein Sohn drin, klatscht jetzt in die Hände. Im selben Moment fegt ein Windstoß die Straße entlang, so stark, dass er ihn fast zu Fall bringt, grade noch fängt er sich mit Hilfe seines Stocks und verschwindet, nach einem Blick in den Himmel, eilig in eine nahe Gasse.
Das Heft, das unter dem Reifen des Autos fest saß, treibt im Wind die Straße hinunter.

20

Hier knickt die Straße ab!

Der Wind, jetzt allgegenwärtig, zaust an mir.

Hinter dem niedergetretenen Bauzaun auf der anderen Straßenseite öffnet sich dunkel das Brachland, das bis zur Stadt hinüberreicht. (Von dort pfeift es heran!) Hier, zwischen Schutt, Buschwerk und übergrasten Hügeln war Martin im Wettrennen stets der Unterlegene und ich stets der, der nicht teilnahm. »Halt dich ran!«, schreit mein Bruder vom Beifahrersitz eines Sportwagens aus, der mit im Leerlauf tuckerndem Motor bei den Baufahrzeugen steht. Er schleudert aufmunternde Gesten in meine Richtung. »Über eins kommt das andre!« Dann legt er den Arm um die Schultern des Jungen, der am Steuer sitzt, und das Auto fegt davon.

Ich bin ein schneller Läufer, ich nutze es zu nichts.

Ich gehe auf das leere Gelände hinaus.

Der Wind kommt vom Meer.

Das Meer ist weit.

Wenn ich das Meer erreiche, stürmt es. Am Ufer gehen die aufgepeitschten Wellen hoch, dichter Nebel verdeckt die Horizontlinie.

»Was machst du hier«, sagt Erika.

»Ich suche das Meer.«

»Das Meer?«

Der Nebel lichtet sich, die Wellen flachen ab. Das Meer ist nichts weiter als ein ringsum befriedeter See, den jeder in einer guten halben Stunde umrunden könnte!

»Ein Mensch, der andere Voraussetzungen mitbringt als ich«, sage ich, »könnte sich betrogen fühlen.«

Erika liegt rücklings auf dem Tisch, einen Lederhandschuh zwischen den Beinen. Hermann versteckt sein Auge hinter der Kamera.

Der immer stärker werdende Wind fegt über das freie Feld, es ist mühselig, die Schritte voreinander zu setzen. Ich beuge den Kopf.

21

Die Stadt glüht.
Instinktiv laufe ich auf das Lichtband zu. Ein gekröntes Haupt, denke ich. Tagsüber liegt die Stadt so oft grau, unbedeutend da am Horizont.
Schritt vor Schritt setzend versinke ich immer wieder in der Erde, ich werde die lehmigen Schuhe reinigen müssen – und vergiss nicht, sie auszuziehen, bevor du das Haus betrittst! … Kein Vorankommen! *Der Sturm greift von allen Seiten an!* Welche Gewalt jagt heran! Und wirft mich mit scharfen Böen aus der Bahn, die ich einschlage. Körnige Erde spritzt mir ins Gesicht. Den einen Moment reißt es mich zurück zum heimatlichen Dorf, den nächsten Moment mit wilder Kraft weiter voran. Wie es verdrossen macht, den Elementen ausgeliefert zu sein! Ich beuge mich tief, bin plötzlich kalt getrieben und ziele auf die ersten schützenden Häuser.
Warten ist elend, sage ich mir! Nachsinnen, warum nicht geschieht, was geschehen soll. Ich fühle mich, mitten im Orkan, nüchtern, gleichgültig. Ich werde, denke ich, die Stadt durchqueren, die ja doch, denke ich, alles in allem sehr klein ist, und werde auf der anderen Seite am Flussufer entlang zurückgehen, ich werde, keine Frage, erschöpft sein, werde, wenn ich zu Hause ankomme, die Schuhe vor der Tür lassen (ja!), hineingehen, etwas trinken, meinen Vater wecken und mich schlafen legen. Ich werde tun, was ich jeden Abend tue. So wird mich der Haifischzahn der Schuld nicht zu packen kriegen.
Jeder Gedanke hat seine eigene Zeit. Dann steht er plötzlich hell im Raum der Sprache. Dann ist es möglich, ihn von allen Seiten zu betrachten. Ich lasse mich nicht gehen!, denke ich – und meide die Bäume, deren Wurzelwerk aus dem Boden brechen könnte. Handeln, einfache Handlungen aneinander reihen! Ich ging aus dem Haus, in unbestimmter Getriebenheit, Sehnsucht … Aber das verdirbt alles. Aufs Kreuz damit. Eine Sache des Geschicks. Ich streife das alles ab! Mein

Bruder ist vielleicht ein guter Turner, am Reck, am Barren, an den Ringen, ich aber erforsche die Spielanordnungen des Geistes. Wenn es auch weniger hermacht, ist es doch nicht weniger wert!
Ich passiere das Osttor und entkomme, fürs erste, den Fängen des Sturms.

22

Im dem verwüsteten Beet vor dem Fenster brauche ich, auch hier im Hof, alle Kräfte, mich gegen den scharfen Wind zu behaupten. Vom Nebenhaus fliegen erste Dachschindeln herab. Ich riskiere mein Leben! Aus Neugier. Drinnen ist mein Bruder am Werk. Das Werk ist das Geschlechtswerk. Ich sehe, dass Hermann und Erika von der Sache nicht viel mehr verstanden als den Vollzug. Die beiden hier haben andre Tricks. Ich notiere im Geist: Manipulation der Brustwarzen erhöht die Erregung, ablesbar an plötzlich erfolgenden hektischen Stößen. Rechtzeitiges Abstoppen der Erregungskurve, sonst vorzeitiges Ende. Hände zwischen die Zähne, Eigenmanipulation der Geschlechtsteile, Rhythmuswechsel – die Liste reißt nicht ab.
Sei aufmerksam, wann bietet sich wieder die Gelegenheit!
»Ist es richtig, dass die Frau dir den Finger in den Hintern steckt, weil sie genug hat und will, dass du kommst?«
»Nein, sie will, dass ich stärker zustoße.«
Ich wende mich ab.
Jetzt, in der Dunkelheit des Hofs, den ich betreten habe, *weil ein mir bekannter Sportwagen vor dem Haus stand*, in eine Nische gedrängt, in der ich vor den Splittern der herabfliegenden Dachschindeln geschützt bin, wird mir klar, dass ich die ganze Zeit über nur eins gesehen habe: den goldenen Ring am Finger der Frau. Lernen ist eine weit verzweigte Aufgabe. Nicht immer kann es Spaß machen. Die Situationen, in die ich in meinem Leben geraten werde, werden auch nicht im-

mer Spaß machen. (Das sind doch Ausreden!) Einen Ring also! *Einen Ring trägt sie.* Ich könnte vor dem Haus, hinter dem Sportwagen versteckt, warten, bis mein Bruder herauskommt. Er wäre vollständig angekleidet. Würde, da ihm der Sportwagen, trotz aller Souveränität, die ihm eigen (ich blecke die Zähne!), ja *nicht gehört*, da er das schöne, schnittige Ding also *links liegen lassen müsste*, nach Hause laufen! Und ich plötzlich an seiner Seite …
»Wo kommst du denn her?«
»Zu Hause brennt es.«
Ich würde ihn vielleicht rennen sehen!
»Das Dach ist schon eingestürzt«, riefe ich ihm nach.

23

Ich bin unterwegs nach Hause. Ich bin nicht zum Fluss hinunter, ich gehe den kürzesten Weg. Ich *würde* ihn gern gehen. Ich komme nicht voran. Der *Sturm* ist so rasend geworden – würde ich zum Himmel hinaufschauen, es risse mir das Kinn weg!
Wo sollte ich einkehren, abwarten?
Ich kämpfe. Ich zähle die Gehsteigplatten, die ich eine um die andere mühsam hinter mir lasse. Stell dir vor, dieses Gefühl der Anstrengung wäre dein alltägliches Lebensgefühl. Was würdest du zu so einem Leben sagen? Ich würde Änderung verlangen. Manche Menschen lassen im Kampf nie nach, sie ermüden nie, sie geben nie auf. Andre gehen nie einen Kampf ein. Es ist, besonders für einen jungen Menschen, schwierig zu wissen, zu welcher Kategorie man gehört. Ich würde wohl einen Kampf kämpfen, wenn das Schicksal ihn mir auferlegte.
»Du musst Kämpfe suchen. Sonst ist es nichts.«
Ich kämpfe gegen den Sturm. Was alles auf mich zugeflogen kommt! Nie waren die Beine so schwer. Ein gusseiserner Ofen hüpft an mir vorbei, taumelnd schlägt er schwere

Löcher in den Asphalt. Ich habe noch nicht einmal die Stadtgrenze erreicht! Der Ofen bricht hinter mir durch ein Kirchenportal. Sicher sind längst die Strommasten eingeknickt. Da! Die Straßenbeleuchtung fällt aus. Die Glocken der Kirche beginnen zu läuten. Ein Baum liegt quer über der Straße. Der Inhalt einer Schreibtischschublade fegt heran. Aufgerissene Briefumschläge, Büroklammern, Stifte. »Kohlhaas« lese ich auf einer Karteikarte, die plötzlich zwischen Ring- und Mittelfinger meiner linken Hand festsitzt, welche ich schützend vor die Augen halte.

Ich nähere mich dem quer liegenden Baum. Das frisch aufgesplitterte Holz an der Bruchstelle leuchtet wie ein Frackhemd. Wasserfontänen (woher?) springen am Stamm hinauf! Gleich bricht der Boden auf und gibt ein anderes Land preis! *Warum darf ich partout den Weg nicht gehen, den ich gehen will?* Ich mache mir Sorgen um den allein im Haus verbliebenen Vater, der sich vielleicht an den Splittern zerberstender, ins Zimmer stürzender Glasscheiben die Hand aufschneidet.

Ich schnappe nach einem an mir vorbeirasenden grünen Tuch und presse es mir vor den Mund.

Als ich über den quer liegenden Baum steigen will, verliere ich die Bodenhaftung. Es reißt mich in die Höhe, ich weiß nicht wie. Ich erwarte, augenblicklich gegen eine Mauer geschleudert zu werden! Ich dreh mich im Strudel um mich selbst, und ehe mir die Sinne schwinden *(offenbar fliege ich!)*, habe ich die Empfindung, nicht von einem heranwütenden Sturm mitgerissen, sondern von einer magnetischen Kraft hinter mir zurückgezogen zu werden. Ja, als sei das schon die ganze Zeit so! Als hätte ich mich keineswegs einem mächtigen Sturm entgegengestemmt, vielmehr mühsam gekämpft, einem Sog zu entkommen, dem ich mich nun wehrlos ergebe.

24

Ich weiß, dass ich in Gefahr bin, aber ich bin seltsam erleichtert. Das ist das Glück, alles loszulassen. Hast du Pläne gehabt? Ich weiß es nicht. Ich kreuze (im Fliegen!) die Arme vor der Brust und sage: Kommt, Todesdämonen! Der pfeifende Lärm um die Ohren spricht. Er fordert mich auf, das Alphabet laut herzusagen. »A, B, C – D, E …« Jemand schlägt mit einem Rohrstock auf eine Holzplatte. »Sehr gut! Das geht ja wie am Schnürchen.« Ich weiß, dass ich gut gelernt habe, dass ich mir keinen Vorwurf machen muss.

Hat mich der Sturm zu Boden geschleudert? Liege ich für einen Moment still? Vor mir sehe ich das scharfe Profil eines Autoreifens. Immer wieder scheint sich der Moment des Anfahrens zu wiederholen. Jedes Mal ist es, als rolle das Rad geradewegs auf mich zu, als werde es mich gleich überrollen, und doch, *doch* entfernt es sich. Um sofort wieder vor mir aufzutauchen! Ich zähle die Rillen und schätze die Breite des Autoreifens ab.

»Haben Sie mein Halstuch gefunden?«

Stehe ich, liege ich?

Eine Frau mit Sonnenbrille greift nach dem Tuch, das ich immer noch in der Hand halte, bindet es um, so dass sich ihr Gesicht verdunkelt. »An heißen Tagen ist so ein Tuch ganz unverzichtbar! Mh … Sie sind aber ein einfältiger junger Mann!« Oder hat sie gesagt: ein gut aussehender junger Mann? Das hat nie jemand zu mir gesagt.

Sterbe ich jetzt, so ist es schade drum! Aber ich werde mich nicht wehren. *Ich werde mich nie wieder gegen etwas wehren.* Was für ein entsetzlicher, verzückender Moment! Ich ziehe die Beine eng an meine Brust, gleichzeitig (wie kann das?) habe ich den Eindruck, als trete ich rasend um mich. Es ist mir auch, als stecke das Rückgrat vorn im Brustbein …

»Hilfe! Hilfe!«, höre ich.

Der Sturm bedroht jemanden mit seiner messerscharfen Zunge.

Ich kann nichts tun.
»Hilfe!«
Ist es meine eigene Stimme? Wo ist die Frau?
»Hier.« Sie bindet eben die Schleife unterm Kinn. Hinter ihr leuchtet, wie ich jetzt sehe (aber sind es wirklich meine Augen, die es sehen?), eine sonnendurchglühte Wüstenlandschaft auf. »Jedes Kind hat zwei Väter«, sagt sie und sieht mich freundlich an, »und es muss sich entscheiden, welcher der richtige ist. Es kann lange dauern, ehe es die Entscheidung trifft.«
Eine scharfe Glut sitzt mir im Hals.
Ich hab's, ich hab's, denke ich!
Ich werde an Häusern vorbeigerissen. Zwischen Lidschlägen, über die ich keine Kontrolle mehr habe und die sich zu verlangsamen scheinen, zeigen einzelne Bilder, fremd wie Schwarz-Weiß-Fotos, herausgebrochene, in die Vorgärten geschleuderte Türen, tiefdunkle Kreise (panisch verzerrte Gesichter!) im Rechteck leerer Fensterrahmen, schlanke, dreifach verlängerte, zum Dachsims gestreckte Hände, flehend, betend, zürnend, einen Zauberhund (einen Dackel), der mit erhobner Nase und hängenden Ohren mühelos gegen den Sturm antrabt … Ich klammere mich an einem schräg stehenden Straßenschild fest. Das Schild löst sich aus der Verankerung, und ich lasse es fahren.
Ist es vorbei? Ich liege auf dem Rücken.
Ich kann mich nicht rühren.
Der Blick reicht weit in den plötzlich offenen Sternenhimmel hinauf.
Als werde ein Lichtschalter betätigt, wird es wieder dunkel. Ich vermute, dass ich, ohne es zu wissen, immer noch im Sturm dahinrase.
Ich bin frei, ein andrer zu sein.
»Das glaubst du!«, sagt eine alte Frau, ganz nah bei mir. Sie trägt das grüne Kopftuch, aber es kann unmöglich die Frau von vorhin sein! Ihre Stimme ist brüchig, in ihrem offenen Mund ist kein Zahn! Sie hält ein Buch in der Hand. »Hier

sind die Ereignisse deines Lebens, auch die der Zukunft, vollständig aufgezeichnet.«
Ihre Augen rücken näher.
»Ich will nicht hineinsehen.«
Ihre Augen verschmelzen zu einer glänzenden Scheibe: die senkrecht gedrehte Oberfläche eines Sees.
»Die Seiten sind leer.«
Ich stecke schräg in ihrer Iris, halb drin, halb draußen. Mir ist, als müsse ich dort ein Jahrtausend abwarten.

25

Vor der Tür eines Mietshauses brennt eine einzelne Laterne.
Ruckartig komme ich zu mir.
Ich stehe im Schatten eines Baums. Wo sind Spuren des Sturms?
Ich habe das Gefühl, verabredet zu sein!
Völlige Stille ist eingetreten. In den Zweigen über mir entdecke ich das Nest eines Vogels.
Ich bin in Erwartung.
Mitten auf dem Platz, der von dunklen Mietshäusern umgeben ist, liegt hinter hohen Maschendrahtzäunen ein kleiner Fußballplatz. Ich sehe Büsche, eine Schaukel, die von einem Baum herabhängt, vollkommen unbewegt.
Kann ein Gedanke je so still sein wie ein Ort?
Dort drüben!
Das Mädchen ist müde. Langsam setzt es die Füße voreinander. Oder sollte es kleinen, vom Sturm aus dem Boden gejagten Würmern ausweichen? (Hat es diesen Sturm je gegeben?) Die Eltern halten es geduldig an der Hand.
Mit dir also verabredet! Ich erkenne dich gleich am Rock, an den Haaren, am Rhythmus deiner Bewegungen. (Wenn nicht daran, so würde ich dich am Klopfen meines Herzens erkennen.) Eltern und Kind treten in den Lichtkreis der Laterne. Die Mutter hat den Schlüssel gezückt. Der Vater, die Hand

schützend auf der Schulter des Mädchens, blickt sich über die Schulter um. Wie lange sind sie gegangen? Sie müssen unser Haus vor Stunden verlassen haben.

Jetzt hat mich das Mädchen entdeckt! Überrascht hebt es die Hand und … Nein! Nun, da der Vater unruhig wird, weist es (oh, klug!) mit der Hand in die Richtung des Fußballplatzes.

»Da ist nichts.« Der Vater schüttelt den Kopf.

»Aber doch!« Etwas ist …

Die Haustür steht offen. Ich sehe nur noch Hüfte und Bein der Mutter, ihren ausgestreckten Arm, der nach dem Kind greift. Der Vater eilt zum Zaun hinüber, der das Fußballfeld abgrenzt. Ein Tier huscht durch die Büsche davon. »Was ist es!«, höre ich die helle Stimme des Kinds, während sein verstohlener Blick ein ums andere Mal zu mir wandert. »Nichts, ein Marder!«, ruft der Vater leise und nimmt die Entfernung zum Haus in eiligen Schritten.

»Und dort?« Nun zwingt die Kleine mich (oh, sehr klug!) tiefer in den Schatten des Baums. »Da, bei der Telefonzelle!«

Der Vater ist unschlüssig. Nur kurz sieht er her.

»Aber du zitterst ja!«, sagt er.

»Dort!«

»Da ist nichts.«

»Ich sehe es genau!« Auf der Stufe in den Flur steht sie wie angewurzelt.

»Jammer nicht!«, höre ich die Mutter rufen, es hallt im Hausflur nach.

»Sie zittert.«

26

Ihr letzter Blick sagt noch einmal: Ich habe dich gesehen!

Der halbe Körper der Mutter verschwindet. Die abschirmende Hand des Vaters drängt. Nun geht sie willig hinein.

Der Vater sieht sich ein letztes Mal um.

Die Häuser am Platz: alle dunkel. Sie könnten innen ausge-

brannt sein, es würde nicht anders aussehen! Häuser, wie sie in einem Kinderzimmer an die weiße Tapetenwand gemalt sind. Ich kreuze jetzt, da die Haustür sich geschlossen hat, zum Fußballfeld. Ich erwarte, dass im Haus Lichter angehen.
Da! Parterre.
»Ich habe dich gesehen. Aber natürlich bist du nur gekommen, weil du neugierig bist. Du willst zum Beispiel wissen, ob wir wirklich arm sind. Ob es eine geheime Landkarte gibt unter dem Wohnzimmerschrank, solche Sachen. Du könntest dich natürlich auch ein bisschen verliebt haben. Ein Junge wie du bringt das fertig, sich in eine Neunjährige zu verlieben. Das soll ich dann womöglich gut finden. Aber es ist doch nichts! Wenn kein wahrhaftes *inneres Band* da ist, ist es nichts. Ich habe mich zu Hause bei euch absichtlich kein bisschen um dich gekümmert. Ich geb's zu: auch aus Verlegenheit und Angst. So eine unsinnige Idee, dass ich plötzlich deine Schwester sein soll. Das fehlte noch! Wir können gar nicht weit genug voneinander entfernt sein, sonst hat es auch keinen Sinn! Wo ein wahrhaftes *inneres Band* da ist, muss man sich schön meiden. Hörst du! Sonst geht alles ganz rasch kaputt, das ist so. Du wirst wissen wollen, woher so ein *inneres Band* denn entstanden sein soll. Das kommt aus der Unterwelt! Jedenfalls ist es sich so vorzustellen, genauso gut wie irgendeine andere Erklärung. Der eine Mensch weiß etwas von Geburt an, was ein andrer bis zum Tod nicht wissen wird. Das ist eben auch so. Ich glaube zwar nicht, dass du etwas weißt, was ich nicht wüsste. Gewiss ist aber, ich weiß alles, was du nicht weißt. Schon das lockt dich natürlich hierher. Du warst sehr ungezogen. Dich fortlaufend in die Ecke zu drücken! Hereinzukommen, niemandem die Hand zu geben! Nicht, dass ich sie dir gegeben hätte! Aber wäre dein dummer Bruder nicht gewesen, der unbedingt hat stören wollen … Nein! Ich hätte dich trotzdem nicht angeschaut. Wozu auch! Ich sehe dich ja fortlaufend vor meinem inneren Auge. Das ist die Folge des *inneren Bands*, von dem

alle viel hermachen, dabei weiß kaum einer wirklich davon! Ja, natürlich werden wir einmal doch zueinander kommen müssen! Es wird ein langer Weg sein bis dahin. Dann wirst du, wie ich dich kenne, wissen wollen, was es ist, das ich weiß, du aber nicht.«

Ja, das werde ich.

»Ich werde dich brauchen.«

Ich nähere mich dem Haus. (Auf der Schulter den Spaten.) Es ist, als würden alle Karten neu gemischt. Die Muskeln, aufgerüttelt. Ich stampfe ein paar Schritte lang, unbekümmert darum, entdeckt zu werden, mit den Füßen auf.

»Ich weiß von keinem inneren Band!«

»Das wundert mich nicht.«

Ich bin verwegen vor Frechheit.

»Komm ruhig näher!«

(Die Nacht ist fortgeschritten.)

27

Sie werden mich sehen, meinen runden Kopf, die dummen Augen, die durchs Fenster hereinschauen!

Der Vater kommt ins Zimmer. Er trägt die Kleine auf dem Arm. Er setzt sie vorsichtig auf der Couch ab, hebt ihre Beine hinauf, legt ihr ein Kissen unter den Kopf. Er streicht ihr die Haare aus der Stirn. Er nimmt eine Decke und breitet sie über ihr aus. Ihr Haar fällt an der Seite des Kissens hinab.

Wie ich sie ansehe! Als wäre sie ein Rätsel.

Der Vater prüft den Ofen. Ich sehe die Flammen in dem kleinen verschmutzten Sichtfenster auflodern. Die Mutter bringt eine Tasse, aus der es dampft, und stellt sie auf einen Hocker, den sie zur Couch schiebt.

Die Eltern verlassen den Raum.

Bist du krank? Es wäre schön, mit dir zu reden.

Längst habe ich im Dunkeln an der hinteren Wand das Klavier gesehen. Ein altes, schwarzes, wie das meine, ein

Schwesterinstrument! Aber es wird nicht gespielt. Kleine Anzeichen sprechen dafür: der Klavierdeckel ist geschlossen, ein Schlüssel steckt, oben auf dem Instrument steht ein dreiarmiger Kerzenleuchter, keine Noten.
Als ich den Blick wieder dem Mädchen zuwende, habe ich das Gefühl, dass es mich prüfend angesehen hat. Es ist, als ob, trotz größter Aufmerksamkeit, die Zeit immer wieder *Sprünge* macht! Als verdopple, verdreifache, vervierfache sich die Zeit, als lege sie sich in Falten ineinander.
Die Kleine fiebert. Ihre Stirn ist nass. Mit ihrer rechten Hand verscheucht sie etwas, das um ihren Kopf kreist. Ihre Beine strampeln sich frei. Noch immer trägt sie den knielangen Kleinmädchenrock. Der Vater kommt herein und deckt sie zu, dann verlässt er den Raum wieder. Die Mutter, die ihm gefolgt ist, legt ihr einen feuchten Waschlappen auf die Stirn. Jetzt zieht sie ihr Sandalen und Strümpfe aus. Nur eine Kerze brennt.
Du Engel! Wirst du dich je erholen? Wo sind deine Spielsachen? Sicherlich, ich wäre gern dein Gefährte, aber ich sehe deutlich, dass du viel klüger bist als ich. Wir sind verbunden, aber ich weiß nicht wie. In ein paar Minuten werde ich fortgehen. Vielleicht wird meine Mutter mir die Schuld geben, dass aus der Adoption nichts geworden ist. Ich glaube, es war nur eine Versuchung für sie. So wie ein Mensch versucht sein kann, sich eine Perle zu kaufen, einen Diamanten. Oder: zu stehlen. Wo sind deine Eltern? Sitzen sie im andern Zimmer auf ihren Betten, die Köpfe in die Hände gestützt? Voller Sorgen um dich, ums Geld, um die Zukunft? Die Hand deines Vaters – ich hab's gesehen, als er die Decke zurechtgezogen hat – ist verkrüppelt. Ist sie in eine Maschine geraten? Hat er seine Arbeit verloren? Pass auf, sie werden dich doch noch verkaufen! Ach, das war nur Spaß! Da ich nicht zu dir hinein kann, habe ich gehässige Gedanken. Das eine folgt unmittelbar aus dem anderen.
Wieder habe ich den Eindruck, als springe die Zeit.
Deine dunklen Augen! Ich werde dich lieben immerdar.

Plötzlich kommen Vater und Mutter hereingestürzt. Der Ausdruck ihrer Gesichter ist besorgt. Sie haben, so denke ich, eine alarmierende Nachricht erhalten. Ich bilde mir ein, die Nachricht habe etwas mit mir zu tun, und tatsächlich nähert sich die Mutter in seitlich versetzten, lauernden Schritten dem Fenster. Ich weiche nicht, und so steht sie einen kurzen Moment unmittelbar vor mir! Sie sieht mir direkt ins Gesicht!
Ich bin in der Nacht nachtschwarz, unerkennbar.
Energisch zieht sie den Vorhang vor.

28

Ich bin vergnügt. Ich bin munter.
Der Morgen zieht herauf. Nun hat es gar keinen Sinn mehr, ins Bett zu gehen.
Ich treibe einen Stein voran.
Nach dem Sturm (hier finden sich Spuren!) treibt der Fluss schwer in seinem Bett. Äste, Plastikplanen, eine Betonmischmaschine drehen sich in den Strudeln.
Ich überquere die Brücke. In der Ebene steht, ein einsamer Koloss, das AKW, das nie ans Netz gehen wird.
Ich gehe in den Spurrillen des Wegs auf eine Fahnenstange zu, um die lose eine Zugleine mit Wimpeln schlägt. Vor dem AKW öffnen und schließen sich Nebelwände. Die Wimpel an der Leine sind nass und verschmutzt.
Vom AKW her nähert sich in stockendem Trab ein Junge.
Was für ein schmutziger Kerl, denke ich!
Der Junge ist nicht viel älter als ich selbst.
Das ist der, der im Fond des Mercedes saß, denke ich plötzlich, der mit den zottigen Haaren und den bleichen Wangen!
Ich nehme mich in Acht.
Der fremde Junge ist abgehetzt. Außer Atem steht er gebeugt

da und sieht mich von unten her an. »Ist es nicht ein bisschen früh, um unterwegs zu sein?«, sagt er.
Von der Stadt her klingen Martinshörner.
»Du bist doch bestimmt nicht von hier?«
»Doch«, sage ich.
»Wollen wir's drauf ankommen lassen?«
»Worauf?«
Der Junge ballt die Faust in der Jackentasche.
»Wenn du mir zum Beispiel mein Messer weggenommen hättest«, sagt er.
»Habe ich aber nicht.«
»*Ich* kann es nicht wissen.«
Ich drehe meine Taschen nach außen, zuerst die Hosentaschen, dann die des Regenmantels.
»Wo sonst sollte das Messer sein?«
»Habe ich gesagt, dass du es mir jetzt gestohlen hast?«
»Was immer man dir genommen hat, ich jedenfalls habe es nicht.«
»Viel ist gestohlen worden. Ein Feuerwehrauto, der Schlüssel für die Rollschuhe, das Kartenspiel …«
»Ich habe auf meine Sachen besser Acht gegeben.«
Der fremde Junge drückt seine Faust leicht gegen mein Kinn. »Du denkst, ich bin nicht der hellste. Aber was die Körperkraft betrifft, kannst du dich nicht mit mir messen.«
Jetzt holt er das Messer aus der eignen Tasche. »Wenn du es mir wirklich gestohlen hättest, wäre ich anders mit dir verfahren.«
»Wenn ich etwas stehlen wollte, so wäre es kein Messer. Ich bezweifle, dass du hättest, was ich würde stehlen wollen.«
»Ich auch.«
Die Wimpel klatschen lose um die Stange.
»Ich geh jetzt«, sage ich.
»Ja, geh nur!«
Ich entferne mich, ein waches Ohr rückwärts gewandt.
Der fremde Junge, seinerseits lauernd …
In der Brust brandet es auf! Pfeilschnell, keine Sekunde zö-

gernd, renne ich auf die Brücke zu! Der Junge, der einen Ausfallschritt auf mich zu angedeutet hat, nichts weiter, springt vor Vergnügen in die Höhe und schleudert mir eine triumphierende Faust nach. »Wusste ich's doch!«, brüllt er immer lauter über die zwischen uns wachsende Entfernung hinweg. »Was soll man mit dir anfangen! So ein verhätschel-tes Küken wie du. Morgens Lebertran, mittags Karottensaft. Glaub doch nicht, dass irgendwer sich für dich interessiert. Das Leben ist gefährlich, Mann! Und gute Noten in der Schule nützen gar nichts. Gar nichts, hörst du! Wenn ich wollte, hätte ich dich in Nullkommanichts eingeholt und am Kragen. Traut sich morgens in aller Frühe raus und krempelt einem wildfremden Menschen die Taschen um. Zeig deine Taschen, sagt man! Und er tut's! Das ist doch wirklich zum Lachen. Lauf, lauf! Muttersöhnchen! Lauf! Mütterchen wird schon ganz besorgt sein. Mütterchen hat einmal im Leben gefickt, und da ist Söhnchen bei rausgekommen. Mit der wei-ßen Fahne voran. Und Papa sitzt nörgelnd vorm Haus, Söhn-chen soll nur ja nicht in die frisch geharkten Beete treten. Aber Söhnchen macht sich ohnehin nicht gern schmutzig. Das mag Söhnchen nicht. Was trägst du für einen Anorak, Mann! Hast du schon mal in den Spiegel geguckt? Weißt du denn überhaupt schon, dass Mädchen keine Jungen sind? Verpiss dich! Und wenn ich dich noch mal treffe, gibt's kein Pardon mehr!«

Ich bleibe stehen.

»Dann lieferst du das Messer ab, klar?«

Der schreit sich ja die Lunge aus dem Hals! Ich denke: Komm doch zur Vernunft.

»Soll ich's dir noch mal verklickern?«

Zweiter Teil

1

Jan und ich passieren die Absperrung unten am Fluss. Wir lassen die Stadt hinter uns. Wenden wir uns um, sehen wir den vertrauten Nachtglanz über den Bürohäusern.
»Dort sind Wegweiser«, sagt Jan. Er hat die Dinge gern im Griff.
»Ja.«
Unter den Wegweisern finden wir unser Ziel nicht. Auch die akustischen Erläuterungen, eine Neuerung, helfen nicht weiter. »Zur Schleuse können Sie wahlweise … Die Werft befindet sich …« Immer wieder drückt Jan auf den Knopf, aber die Informationen wiederholen sich.
»Lass!«, sage ich. Ich merke, ich habe etwas Nachgiebiges in der Stimme, Jans Anspannung bewirkt das. »Wir finden hin. Ich war schon dort.« Ergänzend sage ich: »Es ist bestimmt der richtige Weg, zunächst hier am Fluss entlang …«
Jan sieht mich zweifelnd an.
»Bestimmt«, sage ich noch einmal und ziehe ihn, mich sanft einhakend, mit mir fort.
»Diese modernen Wegweiser!« Ich schlage einen leichten Ton an. »Hübsch, nicht wahr? Das Wappen der Stadt, gelbschwarz gestreift. Und dann die akustischen Erläuterungen. Diese kräftige männliche Stimme gibt gleich Mut auf den Weg. Ich erinnere mich noch an die alten, verrosteten Schilder von früher. Umgeknickt lagen sie zwischen den Büschen.«
Niemand begegnet uns. Laternen werfen Lichtkreise.
Unter der Brücke bei der Schleuse hallen unsere Schritte nach. Silberne Strudelbildungen im Wasser, gewinnen Zug, lösen sich auf.
Jan, in sich verfangen! Und ich, neben ihm, so leichtsinnig, mir selbst fremd.
»Traust du mir nicht?«

»Doch, natürlich«, sagt Jan.
»Der Weg zweigt rechtwinklig ab, es geht durch ein kleines Tor im Zaun, dann immer geradeaus! Wir verfehlen es gewiss nicht.«
»Nein.«
Längst habe ich ihn wieder losgelassen. Ich würde mich gern an ihn lehnen, für einen kleinen süßen, traurigen Moment. Aber Jan würde seinen Mund vor Missbehagen schief ziehen. Zu Recht, wir haben ja kein sexuelles Verhältnis! Es ist schwer, subtilere Schwingungen des Herzens zum Ausdruck zu bringen.
»Taucher holen manchmal ganze Einrichtungen vom Grund des Flusses: Sessel, Stehlampen, Tische, Fernsehgeräte. Natürlich Fahrräder, jede Menge! Aber auch Motorräder! Sogar ein Auto wurde gehoben, mit ausgekratzter Fahrzeugnummer.«
Jan reagiert nicht.
Zwei Jahre sind vergangen, dass wir uns in der Morgendämmerung draußen beim AKW – als ich nach dem Sturm, den Spaten auf der Schulter, unterwegs war – kennenlernten. Wir sind Freunde. Es sah zunächst nicht danach aus, dass es so kommen würde. Vielleicht können wir einander unsere Herzen noch nicht gänzlich öffnen, wir müssen Geduld haben. Jan ist Gitarrist, und unser nächtlicher Ausflug gilt der Musik. Ich, George, bin gewiss einen Schritt weiter, als ich's damals war. Dennoch befinde ich mich immer noch in der Phase des … *Sammelns!* Ich bin darin langsam, genau, liebevoll.
»Ging's nicht in die andere Richtung?«
»Der Weg führt nach rechts vom Fluss weg, ich bin sicher.«
»Gut.«
Ich tippe auf die Armbanduhr. Es gibt keinen besonderen Grund zur Hast.

»Ein Mädchen von acht, neun Jahren«, sagt Jan. »Viel zu jung, um zu verstehen! Denkt man. Aber dann … schon eine kleine Frau. Sie ist sehr tapfer!« Ich habe ihn gefragt, was ihn bedrückt. »Sie scheint alles zu wissen. Alles, was es zu wissen gibt!«

»Was für eine Krankheit ist es?«

»Ich weiß es nicht. Sie liegt, sie kommt nicht mehr hoch.«

Meine Seele, meine Seele. Zeig dich mir! Bist du lebendig in mir? Bist du lebendig in meinen Gebärden, in meinen Handlungen, in meinen Sympathien, in meinen Vorlieben? Stehst du bei mir, wenn ich zögere, über eine Schwelle zu gehen? Wie stelle ich dich dar? Bist du eine Blume, ein Kristall, bist du ein krankes Mädchen? Bist du ein langer Weg durch die Landschaft, ein Roman, eine Bilderfolge in der Zeit? Wenn du in mir lebendig bist, wie kommt es, dass ich nach dir suche, nach dir rufe! Dass ich mit Schmerzen deiner harre und mich dir ungelenk, sehnsuchtsvoll nahe, als sei ich ein Fremder? Sollte das mir Nächste nicht das mir Deutlichste sein? Und was, wenn ich deiner nie ansichtig werde? Habe ich dich nie gesehen? Nein! (Sie lächelt!) Nein, es ist doch alles nur Trug. (Wirklich?)

Fortsetzung folgt.